KATRIN NAHIDI

NOTIZEN[1] ZU UECKER

Katrin Nahidi

Der geschundene Mensch – Günther Ueckers konzeptuelle Historienbilder

The Human Abused: Günther Uecker's Conceptual History Paintings

gu
GÜNTHER UECKER
INSTITUT

Deutscher
Kunstverlag

Inhalt | Contents

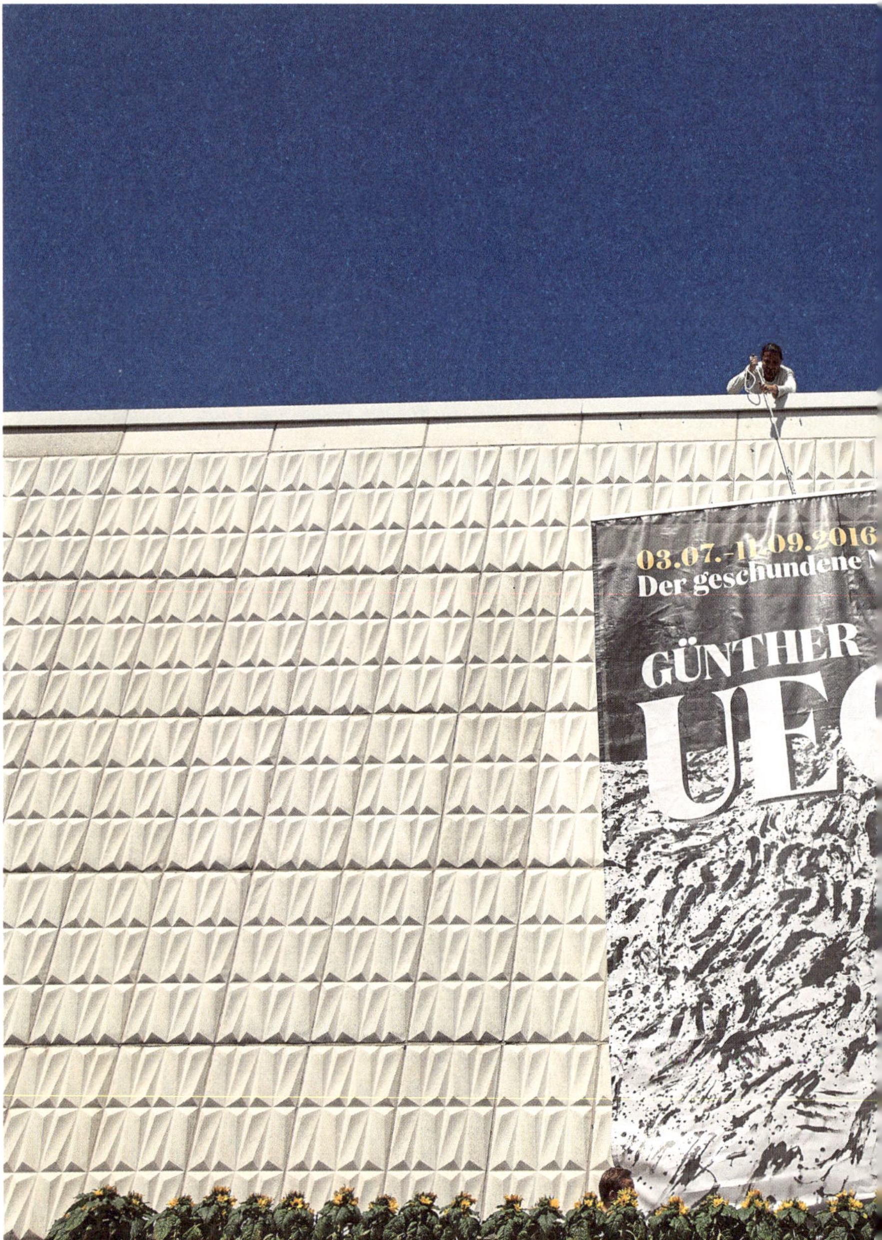

Ausstellungsaufbau | exhibition setup: *Der geschundene Mensch* | *The Human Abused*, Kunsthalle Rostock, 2016

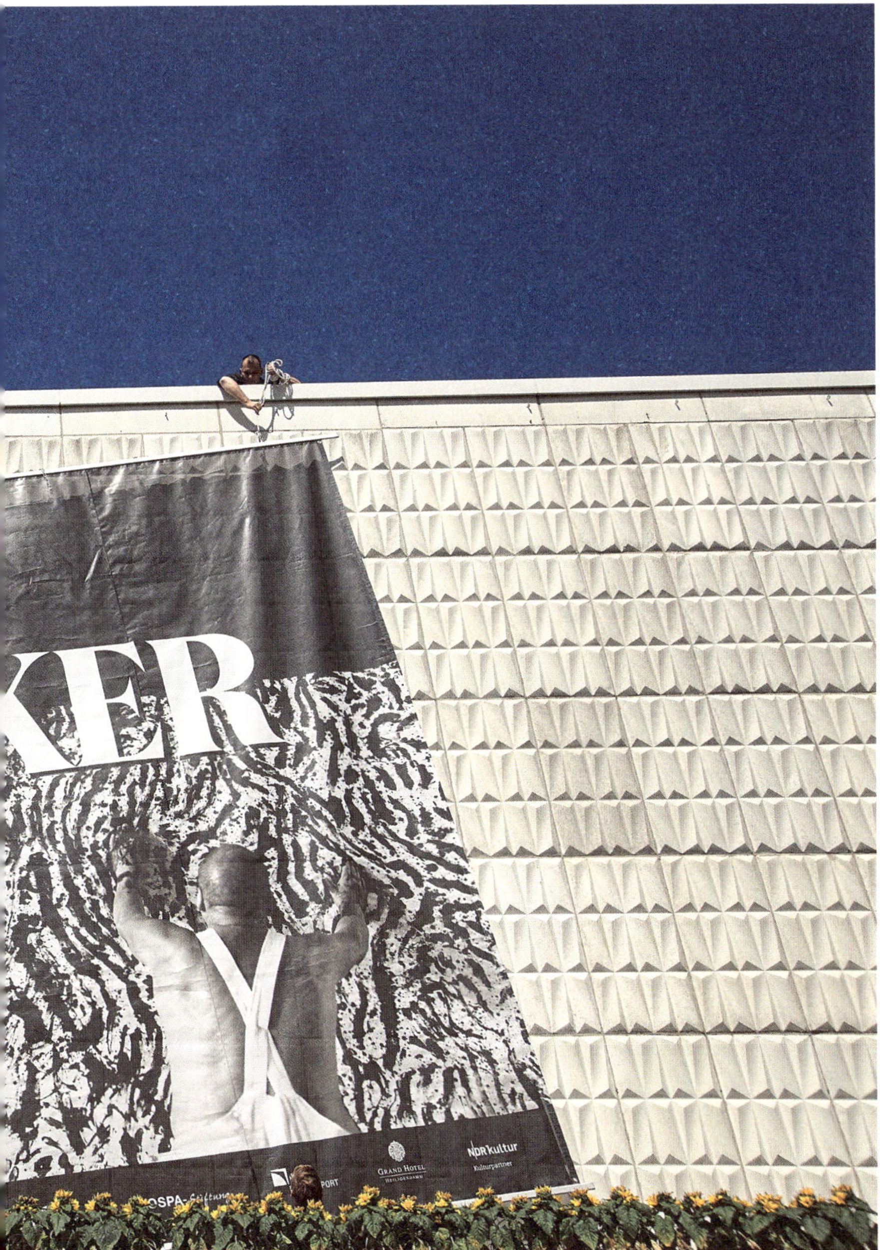
GRAND HOTEL
NDR kultur
Kulturpartner

Kornelia von Berswordt-Wallrabe

Vorwort

Mit der zweisprachigen deutsch-englischen Schriftenreihe *Notizen zu Uecker* fördert das Günther Uecker Institut in Schwerin die wissenschaftliche Auseinandersetzung mit dem Werk von Günther Uecker. Die Publikationsreihe präsentiert und versammelt die Forschungsergebnisse interdisziplinär arbeitender Autorinnen und Autoren. Eine Grundlage der Schriftenreihe bilden dabei die vom Günther Uecker Institut jährlich an internationale Forscherinnen und Forscher vergebenen Stipendien. Der Akzent der Schriftenreihe wie auch des Forschungsstipendiums liegt dabei weniger auf der abschließenden Historisierung der Werke Ueckers als vielmehr auf einer lebendigen wissenschaftlichen Auseinandersetzung mit diesen.

Gekoppelt an die Frage nach dem Stellenwert künstlerischen Handelns widmet sich der vorliegende erste Band dem Werkkomplex *Der geschundene Mensch – 14 befriedete Gerätschaften* (1992/93) sowie seiner Ausstellungsgeschichte und beleuchtet, dem nämlichen Forschungszusammenhang entstammend, wie Günther Ueckers Werk kulturpolitisch und interkulturell Wirkung entfaltet. Hierfür analysiert die deutsch-iranische Kunsthistorikerin und Historikerin für den Nahen Osten Katrin Nahidi die Arbeit *Gerät (auf Wörtern)*, eines der Werke aus jenem größeren Werkkomplex, und geht unter anderem auf dessen Rezeption im iranischen Ausstellungskontext näher ein. Anhand der Besonderheit dieses weit gereisten Werkkomplexes, auf etwas spezifisch Lokales zu verweisen und zugleich Allgemein-Menschliches global zu adressieren, entwickelt Katrin Nahidi den Begriff des ‚konzeptuellen Historienbildes'.

Zur Historie wiederum der Institution und einem mit ihr verbundenen künstlerischen Handeln sei angefügt: Das Günther Uecker Institut ist

Nachfolger des eingetragenen Vereins UECKER IN SCHWERIN: NEUBAU. Dieser wurde zur Erweiterung des Staatlichen Museums Schwerin durch Überdachung des repräsentativen Museumshofes 2013 gegründet und Günther Uecker spendete die gesamte Auflage eines großformatigen Prägedruckes zur Unterstützung der architektonischen Qualität dieser baulichen Aktivitäten. Da das Bauvorhaben nicht realisiert werden konnte, ermöglicht diese Großzügigkeit (auch ein künstlerisches Handeln) nach Umwidmung der Mittel seit 2016 die Förderung junger Wissenschaftlerinnen und Wissenschaftler durch das Günther Uecker Institut.

Mein vorzüglicher und herzlicher Dank gilt meinem langjährigen Freund und dem großzügigen Förderer unseres Hauses Günther Uecker für die ausdauernde Unterstützung darin, Schwerin erneut zum herausragenden Kunst-Ort zu entwickeln. Katrin Nahidi, der Autorin des vorliegenden ersten Bands, danke ich für ihr Engagement für diesen Beitrag und ihre dezidierte Analyse der Arbeit *Gerät (auf Wörtern)*, in deren Konsequenz Ueckers Œuvre unter dem Gesichtspunkt des ‚konzeptuellen Historienbildes' neu zu bewerten ist. Ich danke dem Team des Günther Uecker Instituts und allen an dieser Publikation Beteiligten für die produktive Zusammenarbeit hinsichtlich Konzeption, Faktenaustausch, Recherche und Redaktion bis hin zur grafischen Gestaltung.

Im Namen des Günther Uecker Instituts danke ich ferner der Kunsthalle Rostock sowie dem Institut für Auslandsbeziehungen für den ergiebigen Austausch von Informationen und die gute Zusammenarbeit. Auch dem Deutschen Kunstverlag gilt unser herzlicher Dank. Möge die Schriftenreihe mit dem vorliegenden ersten Band und auch in ihrem weiteren Bestehen unerwartete Erkenntnisse generieren, die den kunstwissenschaftlichen Diskurs um das Werk Günther Ueckers und darüber hinaus transformieren, erneuern und fortschreiben.

Kornelia von Berswordt-Wallrabe

Gründungsdirektorin des Günther Uecker Instituts

Schwerin, November 2022

Kornelia von Berswordt-Wallrabe

Foreword

With the bilingual German-English publication series *Notizen zu Uecker*, the Günther Uecker Institute in Schwerin promotes scholarly engagement with the work of this artist. The series gathers and presents the research of international, interdisciplinary authors who are supported in their work by a fellowship awarded annually by the Institute. The emphasis of both the publication series and the research fellowship is placed less on a definitive historicization of Uecker's oeuvre and much more on a living, scientific exploration of it.

Concerning itself with the question of the significance of artistic practice, the first publication of our series is devoted to the work complex *The Human Abused: 14 Pacified Implements* (1992/93) and its exhibition history. Stemming from this research context, the way in which Uecker's work unfolds in cultural-political and intercultural contexts is illuminated. To this end, Katrin Nahidi, a German-Iranian art historian and scholar of Middle Eastern history, has analyzed *Implement (on Words)*, one of the pieces from Uecker's aforementioned work complex, and, among other concerns, taken a detailed look at its reception in the Iranian exhibition context. Based on the special ability of this well-traveled work complex to both refer to things specifically local while at the same time address the collective and the global, Katrin Nahidi develops her term of the 'conceptual history painting.'

The Günther Uecker Institute is the continuation of the association UECKER IN SCHWERIN: NEUBAU e.V., itself founded as part of the Staatliches Museum Schwerin's expansion in 2013. A roof was to be built that would cover the museum's famous courtyard and Günther Uecker donated an entire edition of large-format embossed prints to underpin the architectural quality of these planned construction activities. As this building project could not be realized, this act of generosity (which was also an artistic act) made it possible, after a reallocation of funds in 2016, to support young scholars in the context of the Günther Uecker Institute.

I would like to express my sincere and heartfelt gratitude to Günther Uecker, my friend of many years and generous sponsor of our organization, for his enduring support in making Schwerin once more into an outstanding destination for art. I thank Katrin Nahidi, the author of this first volume, for her commitment to this publication and her incisive analysis of the work *Implement (on Words)*, as a consequence of which Uecker's oeuvre can now be re-evaluated from the perspective of 'conceptual history painting.' I would like to thank the Günther Uecker Institute team and all those involved in this publication for their constructive collaboration in terms of conception, sharing of knowledge, research, editing, and, of course, the book's design.

On behalf of the Günther Uecker Institute, I would also like to thank the Kunsthalle Rostock and the Institut für Auslandsbeziehungen for their valuable cooperation in the form of openly sharing content and research. Our heartfelt thanks also go to the Deutscher Kunstverlag. Beginning with this initial volume, may this publication series generate unexpected insights and, as the series continues, also transform, renew, and further the scholarly discourse around the work of Günther Uecker and beyond.

Kornelia von Berswordt-Wallrabe
Founding Director of the Günther Uecker Institute

Schwerin, November 2022

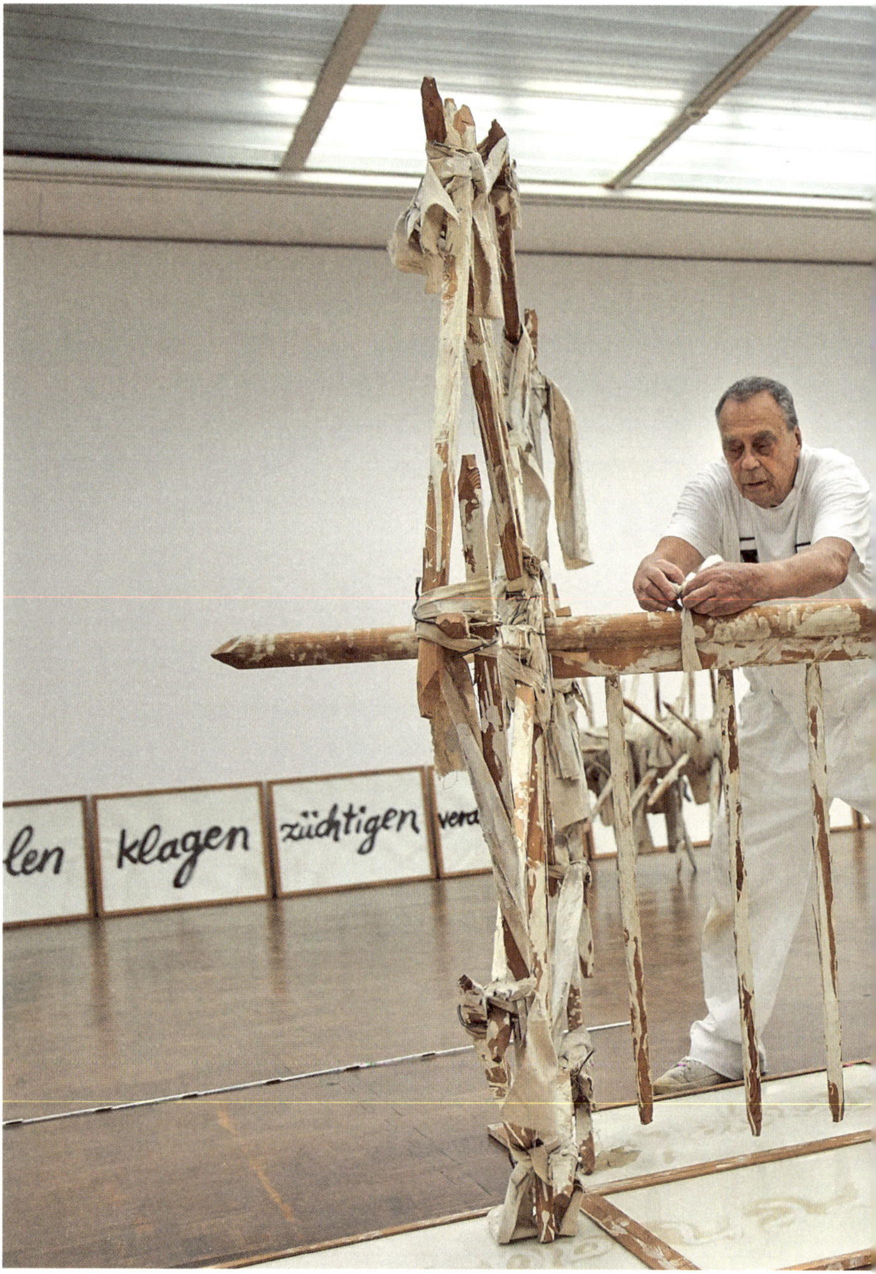

Günther Uecker während des Ausstellungsaufbaus | during the exhibition setup:
Der geschundene Mensch | *The Human Abused*, Kunsthalle Rostock, 2016

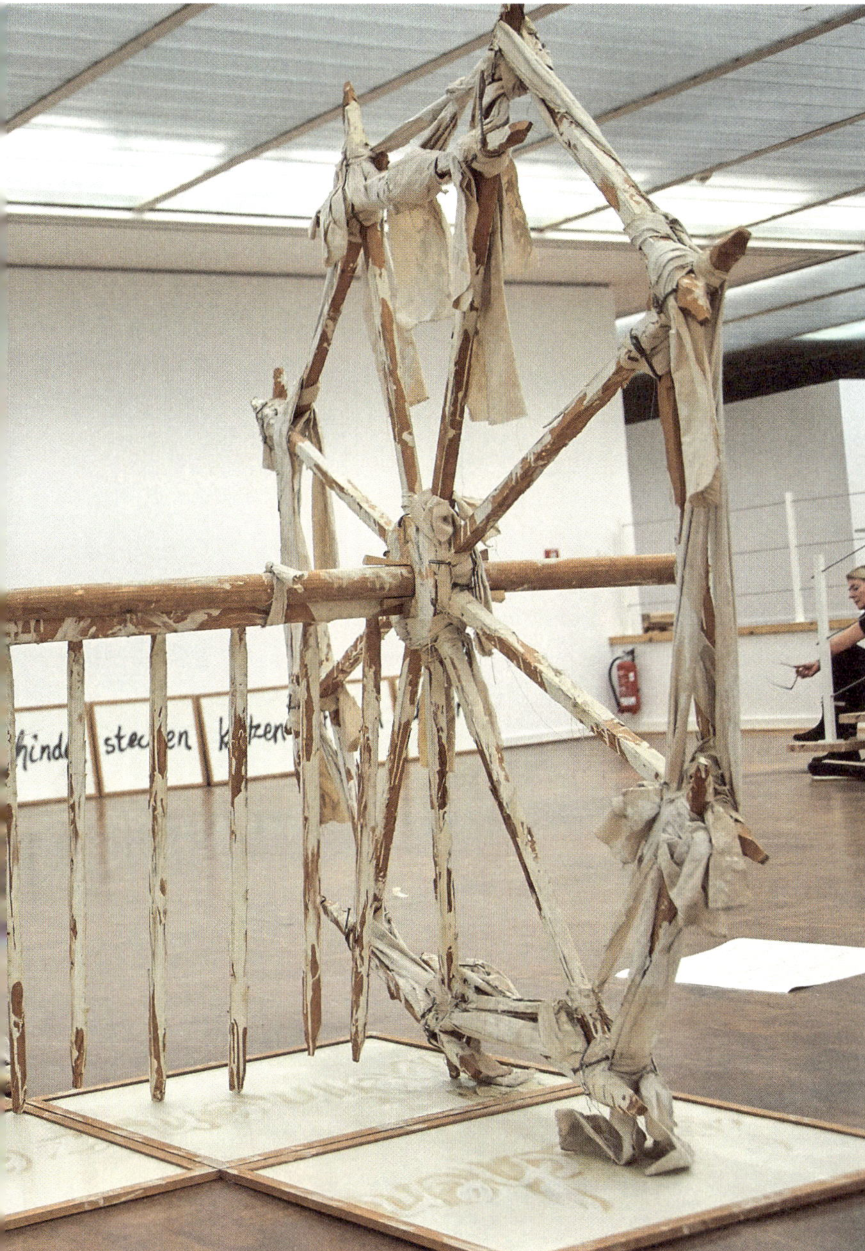

Katharina Neuburger

Porträt eines Künstlers in Deutschland

„Also handelnd malen, handelnd bilden,
handelnd Material umwandeln in menschlichen Ausdruck."[1]
Günther Uecker

Im Jahr 1992 wurde Günther Uecker vom Institut für Auslandsbeziehungen (ifa) für eine Ausstellung eingeladen. Die Anfangsidee war, einen neuen Werkkomplex zu entwickeln, der eine Art Porträt des Künstlers und seines Schaffens sein und unter der Obhut des ifa die Welt bereisen würde. Während der Vorbereitungen im selben Jahr, zwischen dem 22. und dem 26. August, wühlten die rechtsradikalen Ausschreitungen in Rostock-Lichtenhagen das noch keine zwei Jahre wiedervereinigte Land auf. Auch Uecker war tief davon erschüttert. Die entstehende Werkeinheit wurde mit diesem Ereignis dem Ansatz des Künstlers gemäß zum spezifischen Handlungsfeld; die Werke zur Annäherung Ueckers an das, was die Kunst „als Wirklichkeit vergegenwärtigt"[2] und vergegenwärtigen kann; die einzelnen Objekte zum Bezugssystem zwischen dem vom Künstler Empfundenen und dem die Gesellschaft Betreffenden; und die bereits geplante Tour zum politischen Statement eines Künstlers, der Stellung bezieht. Der Titel des für die Ausstellung geschaffenen Werkkomplexes lautete *Der geschundene Mensch – 14 befriedete Gerätschaften*.

Als das Ungarische Nationalmuseum in Budapest am 22. August 1993, während sich die Ereignisse von Rostock-Lichtenhagen erstmals jährten, die Ausstellung eröffnete, wurde dieses vielschichtige Bezugs-

[1] Günther Uecker im Gespräch mit Dieter Honisch, 27.3.1993, in: *Günther Uecker. Der geschundene Mensch*, Ausst.-Kat. Institut für Auslandsbeziehungen, Ostfildern-Ruit 1993, S. 12–52, hier S. 13.

[2] Ebd., S. 23.

system sogleich deutlich: Zu sehen waren Werke, die einerseits, wie von Anfang an geplant, Ueckers gesamten künstlerischen Horizont markieren – von ‚Aschebildern' über die ‚Geräte' bis hin zu ‚Nagelbildern' und Installationen mit ‚Verletzungswörtern' – und die andererseits auf Rostock-Lichtenhagen Bezug nehmen. Die Arbeit war damit weniger als orts-, sondern vielmehr als ereignisspezifisch zu verstehen.

Katrin Nahidi unterzieht die Uecker'sche ‚Bestimmtheit' als Künstler und damit auch das ‚Haltung-Einnehmen' als deutscher Künstler einer ungewöhnlichen Analyse. Sie fokussiert ihren Text auf eines der für die ifa-Tourneeausstellung entwickelten Werke, namentlich *Gerät (auf Wörtern)*. Den Kern ihrer Untersuchung bildet die begriffliche Verbindung von Konzeptkunst und Historienmalerei zum ‚konzeptuellen Historienbild', mithilfe dessen sie die Relation von Ereignis und Werk nachvollzieht und fragt, wie es dem Künstler gelingt, durch ein konzeptuelles Vorgehen ‚Erkenntniserfahrung' in seine künstlerische Arbeit zu übertragen, ohne auf repräsentative Darstellungsmethoden zurückzugreifen. In Auseinandersetzung mit Ueckers Verwendung kommunikativer Elemente in der Kunst (und in Abhebung zu den Informationsmedien) sowie in seiner Nutzung von Sprache als Bildmittel lässt sich mit der Argumentation der Autorin ein zentraler Mechanismus in Ueckers Vorstellung von Konzeptkunst ausmachen. Sprache ist bei ihm nicht Abkehr von der Malerei, die Hinwendung zur plastischen Abstraktion ebenso wenig. Das sind Wege hin zur Malerei, so wie auch der in die Fläche eingeschlagene Nagel dem Künstler dazu dient, „das Malerische näher an die Augen zu tragen".[3] Objekt- und Raumwerke sind in Ueckers erweitertem künstlerischen Feld ebenfalls *als Bilder* zu verstehen. Mit diesen Bildern offenbart der Künstler seine Beobachtungen; mit seinem bestimmbaren und selbst bestimmten Körper im Verhältnis zu spezifischen zeitpolitischen Ereignissen vermittelt er sie ästhetisch. Uecker betont: „So ist dies mein Protest, meine Stellungnahme, ein Ausdruck meiner Erregtheit, sozusagen das Porträt eines Künstlers in Deutsch-

[3] Ebd.

land."[4] Erkenntnis, so könnte man Ueckers Idee des ‚Bildens' zusammenfassen, kann taktil, visuell, affektiv durch Werke darstellbar *und* erfahrbar gemacht werden.

Die Relation von Ueckers Körper zu seinem Werk und seine Haltung zu dem, was Uecker in der Welt beobachtet und dann den Betrachterinnen und Betrachtern zur Disposition stellt, sind wesentlich. Die verbindliche Bezugnahme wird auch in dem schon zitierten Gespräch mit dem Künstler vom 27. März 1993 festgehalten. Dieter Honisch beschreibt: „Die Abstände der Nägel sind abhängig von der Dicke Deiner Finger, die Ausdehnung der Felder von der Reichweite Deiner Arme, Deiner Füße, Deines Körpers, so daß Du als Urheber sinnlich immer gegenwärtig bist."[5] Indem das Relationale einen spezifischen Raum zwischen Ereignis, Künstler und Werk entstehen lässt, muss mit Blick auf die öffentliche Wahrnehmung die wesentliche Frage aufkommen, in welcher Beziehung ein ‚ereignisspezifisches' Werk wie *Gerät (auf Wörtern)* dann wiederum zu neuen Kontexten, veränderten Bezugssystemen steht, etwa in einer Ausstellung, die unterschiedliche Länder und Kontinente bereist. Dass diese Form der Erweiterung als Möglichkeit auch in Ueckers Werkkomplex *Der geschundene Mensch – 14 befriedete Gerätschaften* angelegt ist, zeigen die Stationen der Ausstellung, die um die ganze Welt führten und für die Uecker seine Sprachbilder, die ‚Verletzungswörter', in alle jeweils landesüblichen Sprachen übertrug. In der Kooperation mit dem ifa war diese Transformation vom Lokalen ins Globale angelegt, wie auch Katrin Nahidi betont. Das birgt die Möglichkeit, die ‚konzeptuellen Historienbilder' Ueckers auf ein politisches Diskursfeld zu übertragen.

Uecker fügt jedoch auch eine stille, poetische Dimension zur Deutung seiner Arbeit hinzu: In *Gerät (auf Wörtern)* könne, so Uecker, die Farbe Weiß auf dem Holz auch an Schnee erinnern und damit daran, wie ein Ackergerät stillsteht, während die Erde zur Ruhe kommt, wenn sie nicht mehr bearbeitet wird.[6] Damit ist dieses Gerät ‚befriedet' und

[4] Ebd., S. 52.
[5] Ebd., S. 36.

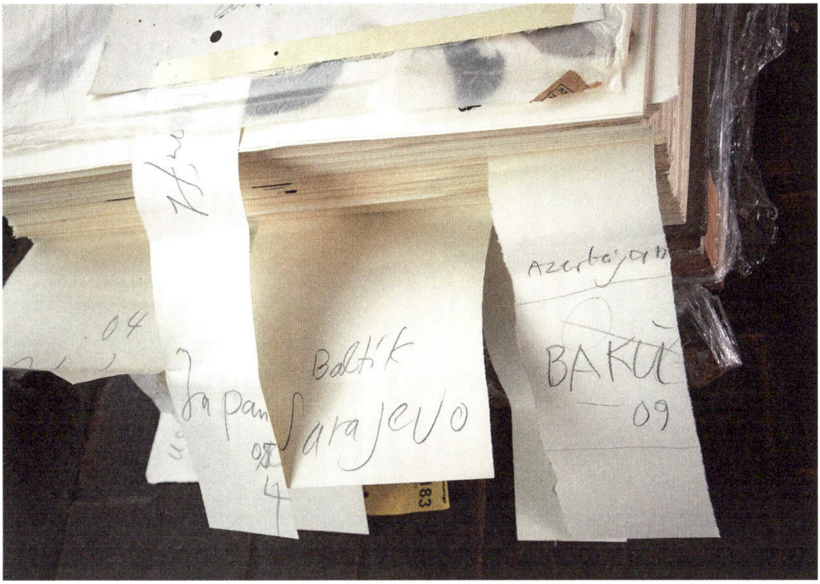

Vor dem Ausstellungsaufbau für | before the exhibition setup:
Der geschundene Mensch | *The Human Abused*, Kunsthalle Rostock, 2016

verweist dennoch auf das schmerzvolle Ackern und Pflügen, Aufreißen und Ausbeuten der Erde. Durch diesen Verweis und jenen der gesamten Ausstellung des Werkkomplexes *Der geschundene Mensch – 14 befriedete Gerätschaften* unterliegenden Bezugsrahmen zu Rostock-Lichtenhagen, durch Ueckers geäußertes Empfinden seiner selbst ‚als deutscher Künstler' und durch die Übertragung in den globalen Ausstellungskontext hinein leuchtet die enge Beziehung zwischen der Bestimmtheit des Künstlers und dem Bestimmtsein seiner Bilder auf. Sie verweisen dabei immer auch zurück auf den Menschen Uecker, dessen existenzielle Verbindung zum Schaffen deutlich ist. Nicht in der Tiefe der Bilder ist er, der Mensch, ausgeliefert, sondern „die nicht gemalten Bilder sind meine Gefährdungen",[7] wie Uecker dazu festhält.

[6] Ebd., S. 52.
[7] Ebd., S. 36.

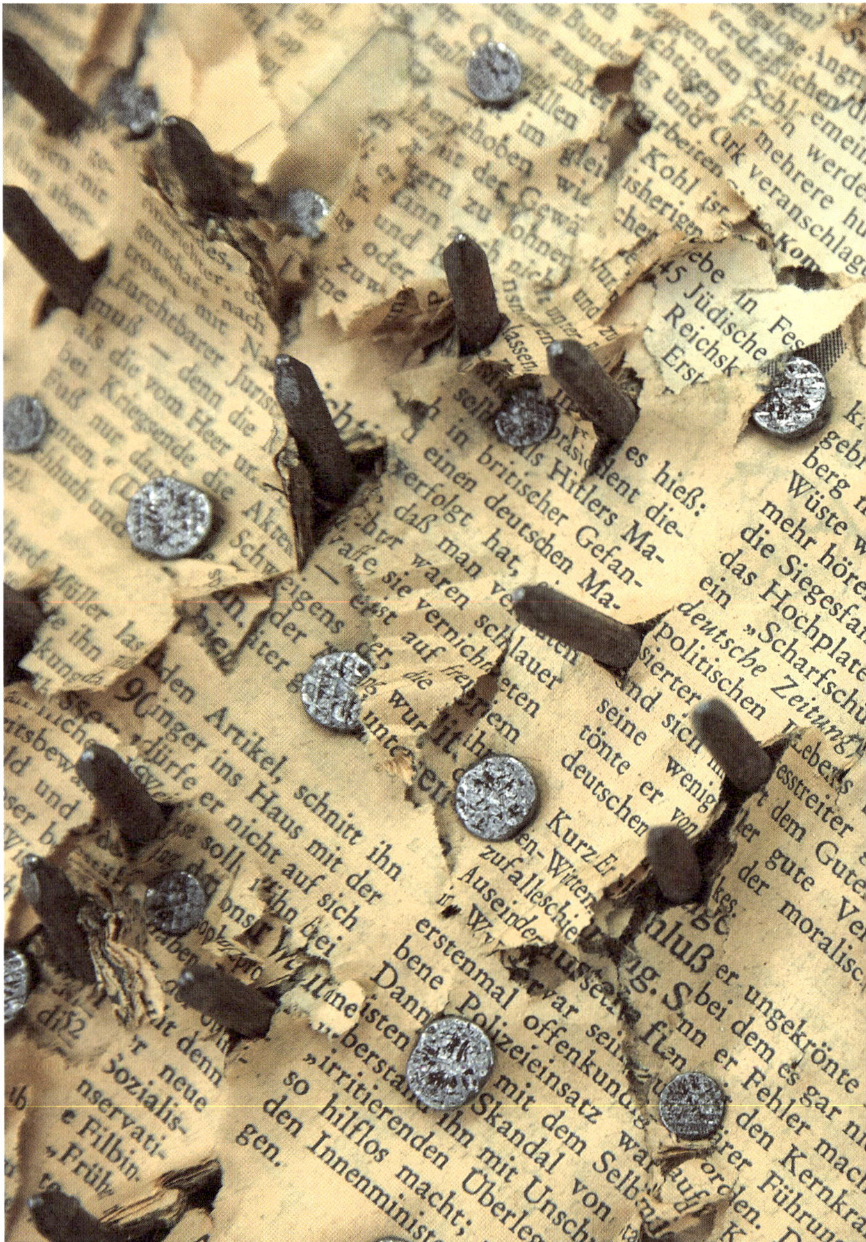

Günther Uecker, Werkdetail | work detail, Ausstellungsaufbau | exhibition setup:
Der geschundene Mensch | *The Human Abused*, Kunsthalle Rostock, 2016

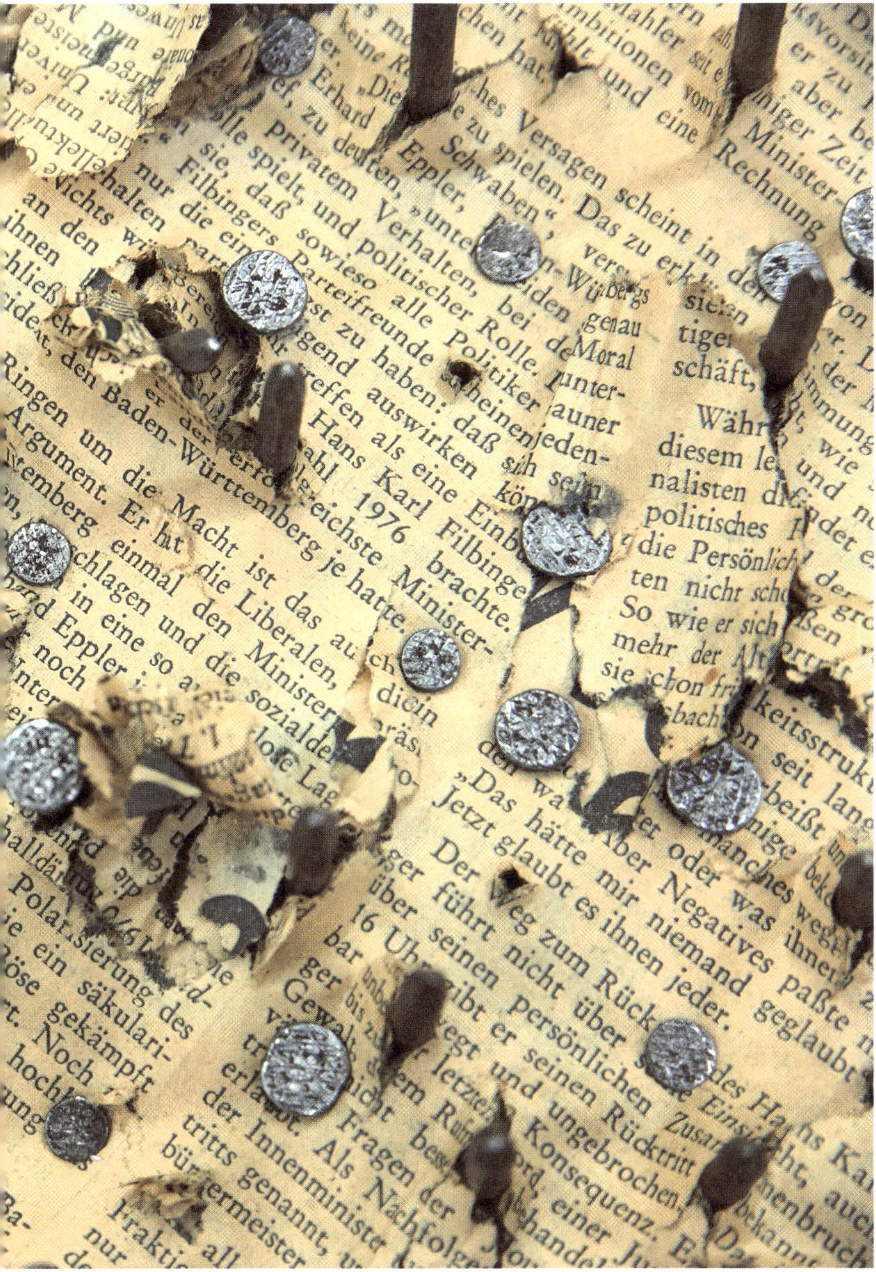

Katrin Nahidi

Der geschundene Mensch – Günther Ueckers konzeptuelle Historienbilder

Günther Ueckers Werkkomplex *Der geschundene Mensch – 14 befriedete Gerätschaften* (1992/93) reiste von 1993 bis 2016 wahrlich durch die Welt und war in Europa, Nord- und Südamerika, Afrika, Asien und Australien zu sehen. Das Institut für Auslandsbeziehungen (ifa), das diese Tournee realisierte, zeigte Ueckers Werkkomplex nach eigenen Angaben an insgesamt 45 verschiedenen Orten.[1] Darunter Budapest, São Paulo, Montevideo, Athen, Warschau, Sydney, Taipeh, Jakarta, Neu-Delhi, Mumbai, Baku, Casablanca, Kairo und auch die iranischen Städte Teheran und Isfahan, um nur einige zu nennen.

In Ueckers Tourneeausstellung spielten die vom Künstler so bezeichneten ‚Verletzungswörter' eine zentrale verbindende Rolle. Mit diesen im Alten Testament zusammengesuchten Verben in Grundform bildete Uecker ein Vokabular dessen, was Menschen sich gegenseitig antun und wozu sie sich gegenseitig bringen. Uecker ließ Tätigkeitswörter wie ‚foltern', ‚erstechen' und ‚erhängen' in die jeweiligen Landessprachen der einzelnen Stationen der Tourneeausstellung übersetzen, schrieb sie auf Papier und rahmte sie. Diese Worttafeln waren zum einen an den Wänden zu sehen und dienten zum anderen als Untergrund, wie etwa auch der Titel eines der im Werkkomplex enthaltenen Objekte mitteilt: *Gerät (auf Wörtern)* (1992). Neben diesem umgaben die Verletzungswörter weitere Holzobjekte, die als vom Künstler so betitelte ‚befriedete Gerätschaften' Assoziationen zu landwirtschaftlichen Geräten und

[1] E-Mail-Kontakt der Autorin vom 3.12.2019 mit Nina Bingel, Stv. Leiterin Abteilung Kunst und Bereichsleiterin Tourneeausstellungen am ifa. Der Tourneeplan ist in der vorliegenden Publikation abgedruckt. Siehe dazu S. 89–93.

Foltergeräten weckten und somit als Werkzeuge menschlicher Gewaltausübung deutbar wurden.

Günther Uecker bezog sich mit diesem gesamten Werkkomplex auf die rechtsmotivierten Ausschreitungen in Rostock im Jahr 1992. Anhand einer ikonografischen Werkanalyse des Objekts *Gerät (auf Wörtern)* soll exemplarisch die politische Dimension in Ueckers Werk herausgearbeitet werden. Angesichts der Ereignisse in Rostock-Lichtenhagen und ihrer Rezeption soll dabei gezeigt werden, inwiefern Ueckers Objekt *Gerät (auf Wörtern)* als konzeptuelles Historienbild betrachtet werden kann, um dann mit einem Exkurs über das Museum für zeitgenössische Kunst in Teheran zu beobachten, auf welche Weise Ueckers Werkkomplex durch seine inhärente Ambiguität das Potenzial herausbildet, aus einem globalen Ausstellungskontext wiederum lokal wirksam zu werden.

Das *Gerät (auf Wörtern)* und die Ereignisse in Rostock-Lichtenhagen

Günther Ueckers Arbeit *Gerät (auf Wörtern)* steht auf besagten Verletzungswörtern, einzelnen, in Glas gerahmten ‚Schriftbildern', die Rechteck für Rechteck in ihrer Anordnung den Eindruck eines Schachbretts erwecken. Auf diesem wartet gleich einer Spielfigur das hölzerne ‚Gerät' auf seinen nächsten Spielzug. Das markante ‚Gerät' besteht aus zwei Holzspeichenrädern, die jeweils über eine Radnabe und einen Radstern verfügen und durch eine Achse miteinander verbunden sind. Es ist mit Weißleim überzogen und mit weißem Leinen umwickelt. Die zugrunde liegenden ‚Schriftbilder' bezeichnen in ihrer Eigenschaft als Verletzungswörter Gewalthandlungen, die in letzter Konsequenz auch tödlichen Ausgang nehmen können. Die strikte Ordnung, die durch die gerahmten Verletzungswörter vorgegeben wird, erschafft nicht nur einen Einblick in menschliche Abgründe, sondern kartografiert mögliche physische und psychische Verletzungen.

Wie Günther Uecker selbst immer wieder betonte, ist diese künstlerische Arbeit seine Reaktion auf die Ausschreitungen von Rostock-Lichtenhagen im August 1992,[2] als Rechtsradikale einen Brandanschlag auf Wohnheime für sogenannte ‚Asylbewerber' und ‚Gastarbeiter' verübten und der Rechtsstaat angesichts der eskalierenden Gewalt kläglich versagte. Bevor die Gewalt am Montag, den 24. August, entbrannte, berichtete die lokale Presse über eingehende Anrufe von Rechtsradikalen, die mit Ausschreitungen gegen die im sogenannten ‚Sonnenblumenhaus' Wohnenden drohten.[3] Vor allem Jugendliche attackierten, angefeuert von rechtsradikalen und rassistischen Parolen weiterer Ansässiger, die Zentrale Aufnahmestelle für Asylbewerber (ZAST) und das direkt benachbarte Wohnheim für ehemalige vietnamesische Vertragsarbeiter*innen mit Molotow-Cocktails. Aufgrund dieser Aggressionen wurden die Asylsuchenden in andere Unterkünfte gebracht, doch auch nach deren Evakuierung hielt die Gewalt an. Die vietnamesische Anwohnerschaft, die nicht evakuiert worden war, wurde zum Ziel des wütenden Mobs, der ihr Wohnheim mit Molotow-Cocktails angriff. Fast 150 vietnamesische Bewohner*innen, mehrere Sozialarbeiter*innen und ein Fernsehteam des ZDFs waren in den Flammen des brennenden Gebäudes eingeschlossen. Die wütende Menge ließ die eingetroffene Feuerwehr nicht passieren, glücklicherweise konnten die eingeschlossenen Menschen jedoch über einen Dachzugang den Flammen entkommen.

Die wissenschaftliche Auseinandersetzung mit den Ausschreitungen in Rostock-Lichtenhagen ist bisher relativ mager. Jedoch gibt es einige Filme, die die Ereignisse reflektieren, wie beispielsweise die Dokumentarfilme *Wer Gewalt sät … – Von Biedermännern und Brandstiftern* (Gert Monheim, 1993) und *The Truth Lies in Rostock* (Siobhan

[2] Vgl. Günther Uecker im Gespräch mit Marion Ackermann, in: *Uecker*, Ausst.-Kat. Kunstsammlung Nordrhein-Westfalen, Düsseldorf, 7.2.–10.5.2015, Berlin 2015, o. S.

[3] Vgl. Ulrich Ben Vetter: „Lichtenhäger Bürgerwehr will ZAST ‚aufräumen'. Anonymer Anrufer: ‚Wir schaffen Ordnung'", in: *Norddeutsche Neueste Nachrichten/Rostocker Anzeiger*, 19.8.1992, S. 9.

Cleary/Mark Saunders, 1993) oder auch Burhan Qurbanis Spielfilm *Wir sind jung. Wir sind stark.* (2014).

Eine eindringliche Schilderung der Ereignisse in Rostock findet sich auch in Saša Stanišić' Buch *Herkunft*, das 2019 erschienen ist. In diesem literarischen Werk reflektiert der Autor seine Kindheit und Jugend als Geflüchteter in Deutschland und das Jahr 1992, als sich die Ereignisse in Rostock-Lichtenhagen deutlich in seine Erinnerung einbrannten:

„Am 24. August 1992 werfen Neonazis Molotow-Cocktails in ein Wohnheim für vietnamesische Vertragsarbeiter in Rostock. Es gibt Zuschauer. Rostocker Bürger. Zugereiste Hasstouristen. Polizei.
‚Wir räuchern sie aus!'
‚Hängt sie!'
‚Sieg Heil!'
Brandsätze werden in den unteren Stockwerken platziert. Die Menge singt. *So ein Tag, so wunderschön wie heute.* Es gibt Buden. Man holt sich ein Bier und eine Wurst und guckt in die Flammen. Feuerwehr kommt, man hat die Zufahrten versperrt. Ein deutscher Pogromjahrmarkt."[4]

Saša Stanišić' aktuelles Beispiel zeigt, dass die Ereignisse in Rostock-Lichtenhagen bis heute nichts an ihrer historischen Brisanz verloren haben. Doch nicht nur das Beispiel aus der Literatur, sondern auch die politischen Entwicklungen der letzten Jahre in Deutschland, wie etwa die spürbar zunehmende Präsenz rechtsradikaler Kräfte in der Gesellschaft, sowie eine Häufung rassistischer Übergriffe, wie die NSU-Morde und der Anschlag in Hanau 2020, zeugen von der Kontinuität rechter Gewalt und der traurigen Aktualität des Themas.

[4] Saša Stanišić: *Herkunft*, München 2019, S. 140.

Das Aufgreifen spezifischer politischer und soziokultureller Ereignisse ist eine essenzielle künstlerische Strategie, die sich wie ein roter Faden durch Günther Ueckers Werke zieht. In dieser Hinsicht stellt das Aufgreifen des Themas Rostock-Lichtenhagen keine Ausnahme in Ueckers künstlerischer Arbeit dar. Umso überraschender, dass Ueckers Arbeiten bisher nur selten in der Forschung als politisch engagierte Kunst rezipiert wurden. Das ist nicht nur bei Uecker zu beobachten. Vielmehr liegt der Grund für die Entpolitisierung von Kunst und die Vorherrschaft formalistischer und biografischer Herangehensweisen und Methoden laut dem französischen Philosophen Jacques Rancière in der Vorstellung von der Autonomie der modernen Kunst:

„Es scheint geradezu, dass der Begriff der Moderne eigens erfunden wurde, um das Verständnis für die Veränderungen der Kunst und für ihre Beziehung zu den anderen Bereichen der kollektiven Erfahrung zu erschweren."[5]

Wie Rancière argumentiert, ist Kunst „nicht erst politisch durch die Botschaften und die Gefühle, die sie betreffend der Weltordnung transportiert."[6] Die Besonderheit der Kunst besteht für Rancière darin, dass sie eine Neuordnung des materiellen und symbolischen Raums bewirke. Dieser Anspruch erfüllt sich deutlich in Ueckers Arbeit *Gerät (auf Wörtern)*, die durch den Bezug auf ein konkretes historisches Ereignis einen antirassistischen Diskursraum eröffnet. Dieser antirassistische Diskurs wird durch die ifa-Tourneeausstellung aus seinem lokalen in einen globalen Kontext hinausgetragen und schafft dort andere lokale Anknüpfungspunkte.

[5] Jacques Rancière: *Die Aufteilung des Sinnlichen. Die Politik der Kunst und ihre Paradoxien*, hg. und übers. von Maria Muhle, 2., überarb. Aufl., Berlin 2008, S. 43.
[6] Jacques Rancière: „Die Ästhetik als Politik", in: ders.: *Das Unbehagen in der Ästhetik*, hg. von Peter Engelmann, übers. von Richard Steurer, Wien 2007, S. 29–56, hier S. 33.

Konzeptuelle Historienbilder

In diesem Zusammenhang sollen zwei weitere Beispiele aus Ueckers Werk genauer beleuchtet werden, in welchen Uecker dezidiert einen Bezug zu aktuellen Ereignissen herstellt. Ueckers Serie *Aschebilder* (1986) stellt eine künstlerische Antwort auf die Nuklearkatastrophe in Tschernobyl 1986 dar. Wie der Künstler selbst erklärt,

„[k]ann Fruchtbarkeit auf Asche gründen. Welche Gründe sind es, die den Menschen bewahren in seiner Lebens- und Zerstörungsgeschichte. Viele meiner Aschebilder entstanden nach dem Reaktorunfall in Tschernobyl, als ich sprachlich nicht mehr mitteilen konnte, was mich da erschütternd berührte, ich auswich und dachte; wenn ich versuche es mit Bildern auszudrücken, wird es mir möglich. Der ganze Zyklus der Aschemenschen ist eigentlich aus der Verzweiflung des gefährdeten Seins entstanden."[7]

Ueckers körpergroße *Aschebilder* aus dem Jahr 1986 gewannen erneut an unerwarteter Aktualität, als sie nur wenige Monate vor dem Atomunfall in Fukushima 2011 in einer Sonderedition mit Christa Wolfs Text *Störfall. Nachrichten eines Tages* publiziert wurden. Wolf beschreibt Ueckers *Aschebilder* dabei folgendermaßen:

„Ein Mensch, der Künstler selbst, Günther Uecker, wirft sich in ein Aschefeld, hinterläßt, wenn er aufsteht, eine ‚Körperstelle', eine ‚Leerstelle', deren Umriß durch Asche erzeugt wird: ‚Das bin dann auch ich.' Sich rückhaltlos bloßstellen, anders kann ein Mann wie Uecker der Gewalt dieser Frage: Bleibt der Planet bewohnbar für uns Menschen? – nicht begegnen. Seine Aschebilder rufen Assoziationen zu den unheimlichen Schatten hervor, die die Bombe von Hiroshima aus Menschen von Fleisch und Blut machte."[8]

[7] Günther Uecker, in: Christa Wolf, *Günther Uecker – Störfall, Aschebilder*, hg. von Manfred Jendryschik und Reinhardt O. Cornelius-Hahn, Halle (Saale) 2010, S. 5.

[8] Christa Wolf, in: ebd., S. 6.

Ausgehend von Christa Wolfs Texten und Ueckers Werken verortet die Literaturwissenschaftlerin Friederike Eigler Ueckers *Aschebilder* als Kunst des Anthropozäns. Das Anthropozän bezeichnet ein neues geologisches Zeitalter, in dem der Mensch biologische, chemische und atmosphärische Transformationen beeinflusst. Für Eigler stellen Ueckers Arbeiten einen wertvollen Beitrag im Diskurs des Anthropozäns dar, weil sie eine Welt zeigen, in der das Versprechen der Moderne, dass der Mensch die Natur beherrschen könne, vollkommen auf den Kopf gestellt werde.[9] Hierbei zeigt sich, dass Ueckers Kunst eben nicht als autonomes Experiment in einem luftleeren Raum entsteht, was oftmals als vermeintliches Charakteristikum moderner Kunst gesehen wird. Das führt Eigler weiter aus, indem sie Ueckers *Aschebilder* mit der These des Historikers Dipesh Chakrabarty vergleicht, der argumentiert, dass die Menschen nur durch ein gemeinsames Bewusstsein für Katastrophen eine kollektive Menschlichkeit entwickeln können. Er fordert eine wirksame Veränderung globaler Bedingungen, um zu verhindern, dass die biologische Vielfalt in alarmierendem Tempo zerstört wird. Die Zerstörung der biologischen Vielfalt bedrohe letztlich nämlich auch die menschliche Spezies in ihrer Gesamtheit.[10] Bei genauerer Betrachtung kristallisiert sich die skizzierte ‚Bedrohung des Menschen durch den Menschen' als eine Art Hauptthema in Ueckers künstlerischem Schaffen heraus. Dieses Thema findet sich als warnendes Bildsujet sowohl in Ueckers *Aschebildern* als auch in seinem Werkkomplex *Der geschundene Mensch*.

Asche spielte als künstlerisches Element auch eine wichtige Rolle bei den *Leipziger Blättern* (1989). Am 9. November 1989 befand sich Uecker für einen Ausstellungsaufbau in Leipzig und schloss sich währenddessen den Demonstrierenden an. Uecker hielt seine Eindrücke der Demonstrationen in den *Leipziger Blättern* fest, die so zu einer Manifestation seiner Augenzeugenschaft der Friedlichen Revolution werden.

[9] Vgl. Friederike Eigler: „Art in the Anthropocene: Christa Wolf's *Störfall* (Accident) and Günther Uecker's *Aschebilder* (Ash Paintings)", in: *South Central Review*, Jg. 36, Nr. 3, Herbst 2019, S. 30–49.

[10] Ebd., S. 30. Siehe auch Dipesh Chakrabarty: „The Climate of History: Four Theses", in: *Critical Inquiry*, Jg. 35, Nr. 2, Winter 2009, S. 197–222.

Das Werk besteht aus 35 abstrakten Papierarbeiten, die aus einer Mischung aus Asche, Kohle und Leim in ungegenständlicher Weise von den Demonstrationen erzählen. Durch die abstrakte Formensprache und das Fehlen bildlicher Repräsentation war das Werk, wie Anne-Kathrin Hinz festhält, „in hohem Maße an sein [Ueckers] eigenes Erleben der Ereignisse in Leipzig und das Ziel, Emotionen in künstlerischen Ausdruck zu wandeln, gebunden."[11] Hinz schlussfolgert daraus, dass „die Blätter ein authentisches Bild seiner Wahrnehmung" und als „Repräsentation seiner Augenzeugenschaft" interpretiert werden können.[12]

In den aufgeführten Beispielen der *Leipziger Blätter* und des *Gerät (auf Wörtern)* nimmt Uecker als Augenzeuge Bezug auf wichtige Ereignisse der deutsch-deutschen Geschichte. Betrachten wir Ueckers Arbeiten also als künstlerische Reaktionen auf spezifische historische Ereignisse, so stellt sich aus kunstwissenschaftlicher Sicht folgende Frage: Inwiefern lassen sich Ueckers Werke als zeitgenössische Variationen des Historienbildes beschreiben?

Lange Zeit stand in der Kunstgeschichte die Historienmalerei ausgehend von der Auffassung der Geschichte als Lehrmeisterin des Lebens (*historia magistra vitæ*) als Vorbild an höchster Stelle in der Rangfolge der Kunstgattungen. Die Historienmalerei ist demnach weniger eine Chronistin der Geschichte, sondern hat vielmehr eine erzieherische Aufgabe inne, in der ihre Bedeutsamkeit und ihre Vorbildfunktion für kommende Generationen aufgeht.[13] Dieser Anspruch wird durchaus auch in Ueckers Arbeiten umgesetzt, indem der Künstler diese fortwährend mit folgendem Leitspruch verbindet:

[11] Anne-Kathrin Hinz. „Abstraktion als Zeugnis der Wirklichkeit. Günther Uecker und Karl Otto Götz als Augenzeugen der Geschichte", in: Claudia Hattendorff/Lisa Beißwanger (Hg.): *Augenzeugenschaft als Konzept. Konstruktionen von Wirklichkeit in Kunst und visueller Kultur seit 1800*, Bielefeld 2019, S. 93–107, hier S. 104.

[12] Ebd.

[13] Vgl. Thomas Kirchner: „Historienbild", in: *Handbuch der politischen Ikonographie*, Bd. 1, hg. von Uwe Fleckner, Martin Warnke und Hendrik Ziegler, München 2011, S. 505–512.

„Die Kunst kann den Menschen nicht retten, aber mit den Mitteln der Kunst wird ein Dialog möglich, welcher zu einem den Menschen bewahrenden Handeln aufruft.“[14]

Um die Arbeit *Gerät (auf Wörtern)* in ihrem spezifischen Kontext von Rostock-Lichtenhagen zu verorten, bedarf es aber der Kooperation der Betrachter*innen und der Information durch den Künstler, da das Werk keinen dokumentarischen oder fotojournalistischen Charakter hat. Uecker verzichtet bewusst auf eine explizite Gewaltdarstellung. Diese Strategie steht in starkem Gegensatz zu den Medien, die die Bilder von den Ausschreitungen und den Täterinnen und Tätern weit verbreiteten. Wie Maja Figge in diesem Zusammenhang erklärt:

„Das Pogrom von Rostock-Lichtenhagen war ein Medienereignis. Tagelang konnte man die Fernsehbilder der klatschenden und jubelnden Menge, die ihren Hass vor laufender Kamera herausschreienden Anwohner_innen, die Hitlergruß zeigenden Jugendlichen, die überregional angereisten Neonazis, die Kämpfe mit der Polizei und schließlich die Angriffe mit Steinen, Stöcken und Brandsätzen auf die ZAST und das Wohnheim zuhause am Bildschirm verfolgen. Die Aufnahmen aus dem Inneren des Sonnenblumenhauses, die ein Team des ZDF-Magazins KENNZEICHEN D filmte, das unfreiwillig mit den Bewohner_innen eingeschlossen war, und die in der Sendung am 25.08.1992 ausgestrahlt wurden, gaben weiter Einblick in das Ausmaß der tödlichen Bedrohung“.[15]

[14] *Günther Uecker. Injuries – Connections*, Ausst.-Kat. Museum für zeitgenössische Kunst Teheran, 16.9.–22.11.2012, Teheran/Düsseldorf 2013, S. 90f.

[15] Maja Figge: „Rassistische Gewalt und ihre Rahmungen. Zur filmischen Erinnerung in Burhan Qurbanis *Wir sind jung. Wir sind stark.*“, in: *montage AV*, Jg. 25, Nr. 2, 2016, S. 37–54, hier S. 39.

Statt die Gewalt ins Bild zu setzen und sie in dem *Gerät (auf Wörtern)* narrativ wiederzugeben, arbeitet Uecker hier vornehmlich monochrom. In weißer Farbe schreibt er die Verletzungswörter auf weißes Papier, aber lässt sie durch eine hellbraune Umrandung, welche farblich mit den Holzobjekten korrespondiert, lesbar bleiben. Die Lesbarkeit der Wörter und Ueckers Kontextualisierung der Arbeit als künstlerische Reaktion auf Rostock-Lichtenhagen machen die Arbeit zum Historienbild, ohne dabei die vormalige kanonische Vorrangstellung der Gattung auch nur im Geringsten zu beanspruchen. Dies zeigt sich etwa im eigenwilligen Gebrauch des Mediums der Malerei – es ist präsent als weißer ‚Anstrich'. Besonders aber scheint der Aspekt des Lehrstücks aufzugehen, indem der Abstraktionsgrad des Aufbaus und insbesondere die alttestamentarischen Verletzungswörter die konkreten Ereignisse in Rostock-Lichtenhagen in den Kontext einer universellen Gewaltgeschichte heben. Unter ebendiesem Vorzeichen hat das Historienbild als Darstellung historischer Ereignisse, die im Rahmen von dynastischen oder nationalen Geschichten Bedeutungen tragen, auch in der Moderne und Postmoderne als Denkfigur seine Geltung erneuert, wie man etwa an Pablo Picassos *Guernica* (1937) oder an Martha Roslers *Bringing the War Home* (1967–1972) beobachten kann.

Mit der Erfindung der Fotografie und des Fotojournalismus wurde die Historienmalerei im Laufe der Zeit von Formen der Berichterstattung abgelöst, die fotojournalistische Zeugnisse zur zentralen Darstellungsform historischer Ereignisse erhoben. Ueckers gewählte monochrome Darstellung der menschlichen gewalttätigen Abgründe untersucht in dieser Hinsicht die Möglichkeiten und Potenziale der Malerei im Zeitalter der visuellen Übermacht von Fotografie und Film. Die Monochromie ist nicht nur auf formaler Ebene eine Verneinung figürlicher Repräsentation, sondern verdeutlicht auch auf inhaltlicher Ebene, dass sich diese Form der menschlichen Gewalttätigkeit einer unmittelbaren Darstellbarkeit entzieht. Gerade im direkten Vergleich zum medialen Diskurs von Rostock-Lichtenhagen wirkt Ueckers Arbeit weitaus weniger dramatisch beziehungsweise fast harmlos. Ueckers komplexe Thematik stellt für die Kuratorin Kornelia Röder „ein Seh- und Denkangebot, in dem Verstand und Emotion als zwei gleichberechtigte Formen von Weltanschauung unmittelbar erlebbar werden“, dar.[16]

Auf den ersten Blick wecken die Holzobjekte des Werkkomplexes *Der geschundene Mensch – 14 befriedete Gerätschaften* Assoziationen zu Acker- oder Foltergeräten. Insbesondere in Kombination mit den Verletzungswörtern erweckt beispielsweise das Holzrad Bilder der grausamen Vollstreckungsmethode des Räderns. Aber wie Iwona Bigos treffend beschreibt: „Den verletzenden Geräten nahm er die Gefährlichkeit und machte mithilfe von Binden und Verbänden verletzliche Wesen aus ihnen, aus potentiellen Henkern macht er Opfer.“[17] Uecker selbst bezeichnet diese Gerätschaften als ‚befriedet‘, weil er ihnen durch ihre Materialität und schematische Darstellung die verletzende Funktion genommen hat. Auf ähnliche Weise hat er auch die Verletzungswörter ‚befriedet‘. Wörter wie ‚spucken‘, ‚schleifen‘, ‚dürsten‘, die das Ausmaß menschlicher Gewalt darstellen, hat er gesammelt, sortiert und geordnet. Durch die Rahmung als einzelne Bilder werden diese Verben, die die Handlungen von Gewaltexzessen beschreiben, voneinander getrennt und isoliert.

Objekte einzeln auszustellen, ist eine zentrale Strategie der Musealisierung, um Dinge aus der Vergangenheit zu präsentieren und zu bewahren. Somit kann das gefährliche und bedrohliche Potenzial der einzelnen Wörter buchstäblich im Rahmen gehalten und ihr gewalttätiges Potenzial entschärft werden. Dass die Verletzungswörter jedoch weder Teil einer musealisierten Vergangenheit sind noch an ihrer Aktualität eingebüßt haben, wird in ihrem Zusammenspiel mit den ‚befriedeten Gerätschaften‘ deutlich. Die gerahmten und ‚befriedeten‘ Verletzungswörter kartografieren das Feld menschlicher Gewalttaten. Speziell das Material ‚Glas‘ macht die Fragilität der von Uecker herge-

[16] Kornelia Röder: „Geschriebene Bilder“, in: *Günther Uecker. Porträt Mensch*, Festschrift des Staatlichen Museums Schwerin, Wien 2016, S. 177–203, hier S. 188.

[17] Iwona Bigos: „Günther Uecker in Polen – Der Nahe/Ferne Osten“, in: *Günther Uecker. Porträt Mensch*, Festschrift des Staatlichen Museums Schwerin, Wien 2016, S. 108–131, hier S. 117.

stellten friedlichen Ordnung in seiner Arbeit deutlich, denn schon durch kleine Bewegungen der Holzobjekte könnte das Glas zerbrechen und die Verletzungswörter würden aus ihrer Befriedung ausbrechen. Uecker pflegt hier einen experimentellen Umgang mit Material und Materialität. Dadurch erweitert er das traditionelle Historienbild und verleiht ihm durch eine konzeptuelle Ausrichtung fortwährende Aktualität.

Verletzungswörter – Konzeptkunst als politisches Medium

Die Arbeit *Gerät (auf Wörtern)* ist der Konzeptkunst zuzuordnen. Aus dieser Perspektive wird ein weiteres wichtiges Element für die Analyse des Werkkomplexes *Der geschundene Mensch* deutlich: das Serielle. Die Idee der Serie manifestiert sich in den Verletzungswörtern, die Uecker an den jeweiligen Ausstellungsorten der ifa-Tourneeausstellung übersetzen ließ und in den jeweiligen Landessprachen mit schwarzer Tusche selbst auf Papier malte.

Jasper Johns beispielsweise setzte das Konzept der Serie als künstlerisches Mittel ein. Seine Serie *0 through 9*, die 1961 während seiner Zeit in New York entstand, besteht aus zwölf Arbeiten, in denen der Künstler jeweils die Zahlen von null bis neun übereinander auf die Leinwand auftrug. Der Fokus auf Zahlen dient hierbei als Mittel der Abstraktion, wodurch im Bild keine Räumlichkeit aufkommen kann und somit die Materialität der Farbe und der Pinselduktus in den Mittelpunkt gerückt wird. Uecker hingegen verzichtet in seinen seriellen Arbeiten fast gänzlich auf Farbe, integriert aber durch die eigene Handschrift seinen künstlerischen Duktus. Dadurch unterscheidet sich Ueckers Übertragung von Sprache auf Papier deutlich von einem Zeitungsdruck. Denn durch seine individuelle Handschrift wird das gemalte Wort zu einem Bild.

Der Künstler On Kawara nutzte ebenfalls monochrome Serienarbeiten als künstlerische Strategie, um aktuelle soziopolitische Themen aufzugreifen und Fragen der Darstellbarkeit von Gewalt und Traumata zu untersuchen. Im Jahr 1966 begann Kawara seine Serie *Today*, heute bekannt als *Date Paintings*. Jedes dieser Gemälde trägt in horizontaler Schrift auf monochromem Grund das Datum, an dem es jeweils erschaffen wurde. Ähnlich wie Uecker bezog Kawara sich auf seine Umgebung: Die *Date Paintings* greifen die für seinen jeweiligen Aufenthaltsort spezifische Form der Datumsangabe auf. Jedes dieser *Date Paintings* wird in einer Box zusammen mit einer lokalen Tageszeitung aufbewahrt. Die Gemäldeserie wird von einem „meticulous inventory"[18] begleitet, bestehend aus Tageszeitungen, Kalenderblättern sowie Informationen zu jedem Gemälde wie Entstehungsort, Größe des Werks oder auch Fotografien. Aus diesem Zusammenspiel wird deutlich, dass es sich bei On Kawaras *Date Paintings* keineswegs um zufällige Datierungen handelt, sondern On Kawara hier historische Markierungen setzte, die vor allem mit kriegsbezogenen Ereignissen und ihren Folgen sowie mit Unfällen und Todesmeldungen in Verbindung stehen.[19] Die Themen Leben und Tod ziehen sich wie ein roter Faden durch Kawaras künstlerisches Werk. Dabei legt er besonderes Augenmerk auf die fatalen Folgen des Zweiten Weltkriegs und die Atombombenabwürfe auf Hiroshima und Nagasaki. Die Atombombenabwürfe, die unzählige Menschenleben kosteten und bis heute nachwirken, stellen ein traumatisches Ereignis in der japanischen Geschichte dar. Folglich stellt sich hier die Frage, wie diese Themen in der Kunst dargestellt werden können. Fotojournalistische Werke geben nur ein einzelnes Bild wieder, wie kann man jedoch komplexere Bilder produzieren? Kawara hat hierfür eine minimalistische Ausdrucksweise gewählt. Seine künstlerische Ästhetik steht jedoch in einem deutlichen Gegensatz zu seinen Bildinhalten. Kawaras monotone Ordnung und die makellose monochrome Oberfläche verschleiern zwar die zugrunde liegenden Erinnerungen an Krieg und Tod, doch die schon nahezu zwanghafte Wiederholung verhindert gleichzeitig ein Vergessen.

[18] Jung-Ah Woo: „On Kawara's ‚Date Paintings': Series of Horror and Boredom", in: *Art Journal*, Jg. 69, Nr. 3, Herbst 2010, S. 62–72, hier S. 63.
[19] Vgl. ebd.

In ihren künstlerischen Arbeiten gehen Kawara und Uecker über eine gewaltdarstellende fotojournalistische Mimesis hinaus, indem sie durch konzeptuelle Strategien die Grenzen der Sichtbarkeit thematisieren. Kawaras und Ueckers Arbeiten liegt eine nahezu bürokratische Ordnung zugrunde, die es ermöglicht, ein weites Spektrum an visuellen Deutungen beim Betrachten zu entwickeln. Für den Kunsthistoriker Benjamin H. D. Buchloh ist dieses Prinzip der „aesthetic of administration" ein besonderes Charakteristikum der konzeptuellen Kunst, die sich vor allem durch eine „multiplicity of *nonspecialized* modes of object- and language-experience"[20] auszeichne. Die administrative Ordnung ist für Buchloh ein wichtiges Modell, um künstlerische Transzendenz zu überwinden und kapitalistische Strukturen der Kunst zu kritisieren.

Insbesondere Kawaras *Date Paintings* und deren bürokratische Ordnung sei eine Reflexion der traumatischen Erlebnisse des Zweiten Weltkriegs, dessen „bureaucracy and management served less for production than for efficient destruction not only of landscape, but also of human bodies," wie die Kunsthistorikerin Jung-Ah Woo anmerkt.[21] Auch Günther Ueckers Werkkomplex *Der geschundene Mensch* ist eine ästhetische Antwort auf ein traumatisches Erlebnis, welches Uecker ins Zentrum der ifa-Tourneeausstellung rückt:

„Ich erkannte, dass ich nicht eine Kunstpropaganda im Ausland machen konnte. Gleichzeitig befand ich mich in einer tiefen Erschütterung wegen der rechtsradikalen Entwicklungen in der Bundesrepublik Deutschland, die sich damals in Rostock zeigten ...".[22]

Es ist als ein beachtliches kulturpolitisches Signal des ifa zu verstehen, dass in den 1990er-Jahren eine kritische und politische Ausstellung mit den Arbeiten von Günther Uecker organisiert wurde. Denn 1992 gab es

[20] Benjamin H. D. Buchloh: „Conceptual Art 1962–1969: From the Aesthetic of Administration to the Critique of Institutions", in: *October*, Jg. 55, Winter 1990, S. 105–143, hier S. 134.

[21] Woo 2010, S. 70.

[22] Günther Uecker, zit. in: Röder 2016, S. 185.

die seit Ende des Nationalsozialismus höchste Anzahl rechtsradikaler Ausschreitungen in Deutschland. Im innerdeutschen Diskurs um die Bewältigung der nationalsozialistischen Vergangenheit erschien das Wiederaufkeimen rassistischer Anschläge wie ein Rückschritt, wie Esther Adaire ausführt:

„In the newly united Federal Republic, whose postwar political culture had been defined by the task of reckoning with the crimes of National Socialism, neo-Nazi phenomena signified the re-emergence of vehement racist nationalism that had long been considered worked through or historicized in official public narratives about the past."[23]

In nationalen und internationalen Medienberichten über die rechtsradikalen Ausschreitungen war die Angst vor dem Wiederaufleben des sogenannten ‚anderen', ‚dunklen' Deutschlands allgegenwärtig. Die Berichte zeigen, dass die Zeit des Nationalsozialismus im deutschen Erinnerungsdiskurs noch sehr präsent war. Im westdeutschen intellektuellen und öffentlichen Diskurs der Nachkriegszeit wurde der Begriff des ‚anderen' Deutschlands jedoch nicht nur für die nationalsozialistische Vergangenheit, sondern auch für Ostdeutschland verwendet. In den frühen 1990er-Jahren stellte die Wiedervereinigung ein Dilemma für das kollektive deutsche nationale Gedächtnis bzw. die Identität dar, da ein Deutschland, das lange Zeit als ‚anders' galt, ein Deutschland, das vom Westen aus als Fortsetzung des Totalitarismus und der Diktatur angesehen wurde, ein Deutschland, das seine eigene Erinnerungskultur hatte, die auf einem Narrativ des Antifaschismus basierte, nun in das Narrativ der Bundesrepublik integriert werden musste.[24]

[23] Esther Adaire: „‚This Other Germany, the Dark One' – Post-Wall Memory Politics Surrounding the Neo-Nazi Riots in Rostock and Hoyerswerda", in: *German Politics and Society*, Jg. 37, Nr. 4, 2019, S. 43–57, hier S. 43.
[24] Vgl. ebd., S. 46.

Während, wie Esther Adaire weiter ausführt, die internationalen Medien in den Ausschreitungen in Rostock-Lichtenhagen ein Bild des Schreckens der Nazizeit sahen, sah man in Deutschland in den Ausschreitungen Anlass für eine anderweitige, in der Presse und im Bundestag heftig geführte Debatte: Es wurde diskutiert, ob die Ausschreitungen nicht durch eine Vielzahl von Faktoren zu erklären seien, die der ostdeutschen Kultur inhärent wären. Der CDU-Bundeskanzler Helmut Kohl beispielsweise griff zu einem absurden Erklärungsversuch aus der Zeit des Kalten Krieges und behauptete, die Ausschreitungen seien von ehemaligem Stasipersonal geplant und gesteuert worden.[25] Obwohl es sowohl in der ehemaligen DDR als auch im Westen zu Ausbrüchen neonazistischer Gewalt kam, war die Bedeutungsgebung im medialen Diskurs und in den politischen Debatten um solche Ereignisse je nach Ort sehr unterschiedlich. Die Politik der Bundesrepublik setzte alles daran, das Bild eines ‚normalen' Deutschlands aufrechtzuerhalten, eines westlich orientierten, demokratischen Deutschlands, das seine nationalistischen Elemente ausgemerzt hatte.[26]

Vor diesem Hintergrund wird Günther Ueckers Tourneeausstellung zu einem starken kulturpolitischen Signal. Das liegt zum einen in Ueckers Biografie begründet, die die oben skizzierten vermeintlichen Dichotomien zwischen Ost und West überwindet. Uecker, der heute vornehmlich in Düsseldorf lebt und arbeitet, wurde 1930 in Wendorf geboren und wuchs in Mecklenburg auf. 1953 verließ er die DDR, migrierte nach Westdeutschland und setzte ab 1955 an der Kunstakademie in Düsseldorf sein im ostdeutschen Wismar und in Berlin-Weißensee begonnenes Malereistudium fort. Entsprechend vielseitige Einflüsse sind in seinem Werk vereint.

In der Vorstellung einer lebendigen Vergangenheit lässt sich Ueckers konzeptuelle Arbeit in eine intellektuelle Linie mit Theodor W.

[25] Vgl. ebd., S. 48.
[26] Vgl. ebd., S. 48f.

Adorno stellen, der vor einer Vergangenheitsbewältigung nach dem Prinzip „es solle alles vergessen und vergeben sein" warnt:

„Man will von der Vergangenheit loskommen: mit Recht, weil unter ihrem Schatten gar nicht sich leben läßt, und weil des Schreckens kein Ende ist, wenn immer nur wieder Schuld und Gewalt mit Schuld und Gewalt bezahlt werden soll; mit Unrecht, weil die Vergangenheit, der man entrinnen möchte, noch höchst lebendig ist. Der Nationalsozialismus lebt nach, und bis heute wissen wir nicht, ob bloß als Gespenst dessen, was so monströs war, daß es am eigenen Tode noch nicht starb, oder ob es gar nicht erst zum Tode kam; ob die Bereitschaft zum Unsäglichen fortwest in den Menschen wie in den Verhältnissen, die sie umklammern."[27]

Adornos Warnung, dass „das Nachleben des Nationalsozialismus in der Demokratie als potentiell bedrohlicher denn das Nachleben faschistischer Tendenzen gegen die Demokratie"[28] einzuordnen sei, findet sich ebenfalls in Ueckers künstlerischer Arbeit. Als wachsamer Weltbürger stellt sich Uecker gegen ein Vergessen und Verdrängen, indem er Bezug auf ein konkretes politisches Ereignis nimmt, das ideologisch im Nationalsozialismus verwurzelt ist. Ueckers ästhetische Antwort auf Rostock-Lichtenhagen kann als ein prophylaktisches Gegenmittel gegen den „Gestus des Von-allem-nichts-gewußt-Habens" und „stumpfer und ängstlicher Gleichgültigkeit"[29] interpretiert werden und verleiht somit zeitgenössischer Kunst eine wichtige politische Handlungsmacht.

Das Zusammenspiel zwischen Ueckers künstlerischer Arbeit und auswärtiger Kulturpolitik zeigt die komplexe diskursive Konstruktion von Kunst und weist auch auf die enge Verbindung zwischen Kunst und Politik hin, die Chantal Mouffe folgendermaßen beschreibt:

[27] Theodor W. Adorno: „Was bedeutet: Aufarbeitung der Vergangenheit" (1959), in: *Theodor W. Adorno. Gesammelte Schriften*, Bd. 10.2, hg. von Rolf Tiedemann, Frankfurt a. M. 1977, S. 555–572, hier S. 555.

[28] Ebd., S. 556.

[29] Ebd.

„There is an aesthetic dimension in the political and there is a political dimension in art. From the point of view of the theory of hegemony, artistic practices play a role in the constitution and maintenance of a given symbolic order, or in its challenging, and this is why they necessarily have a political dimension. The political, for its part, concerns the symbolic ordering of social relations, and this is where its aesthetic dimension resides.“[30]

Der geschundene Mensch in einem globalen Kontext

Ueckers Arbeiten insgesamt stellen eine Beziehung zwischen Lokalem und Globalem her und der Werkkomplex *Der geschundene Mensch* leistet dies in Form der internationalen Tourneeausstellung im Besonderen. Dabei wird deutlich, dass das Lokale und das Globale keineswegs in einem Widerspruch zueinander stehen, sondern der globale Kunstdiskurs ein Produkt transkultureller Austausch- und Verhandlungsprozesse ist und das Lokale mit einschließt. Globale Kunst reflektiert die soziopolitischen und soziokulturellen Bedingungen ihrer Entstehungsorte, gleichzeitig kann sie aber auch mit einem veränderten Kontext in Beziehung treten. Darauf scheint es Ueckers Werkkomplex *Der geschundene Mensch*, der die Gefährdung des Menschen durch den Menschen ins Zentrum stellt, geradezu anzulegen. In ihm wird ein künstlerischer Dialog in Gang gesetzt, der jenseits von nationalen und kulturellen Grenzen die menschengemachten Verletzungen thematisiert und somit Verbindungen schafft.

Diese Verbindungen wurden beispielsweise in Teheran hergestellt, einem der 45 Ausstellungsorte. Die ifa-Tourneeausstellung machte hier 2012 unter dem Titel *Verletzungen – Verbindungen* am Museum für zeitgenössische Kunst Station. Diese institutionelle Zusammenarbeit hatte durchschlagenden Erfolg im Iran und konnte neue Besucherrekorde

[30] Chantal Mouffe: *Agonistics. Thinking the World Politically*, London 2013, S. 91.

generieren.[31] Die Ausstellung, angereichert durch einige Uecker-Werke aus der hauseigenen Sammlung, gab nämlich nicht nur einen erweiterten Überblick über das künstlerische Schaffen des international anerkannten Künstlers Günther Uecker, sondern war auch eine politische Plattform, um kritische Kunst, die sonst nicht in öffentlichen Institutionen der Islamischen Republik Iran zu sehen ist, der Öffentlichkeit zugänglich zu machen. Uecker nahm in seiner Museumsschau Bezug auf die politischen Umstände im Iran und wies seinen Verletzungswörtern eine zentrale Rolle zu. Oder wie Günther Uecker selbst in einem Interview erklärte: „Die Bedrohung des Menschen, seine Gefährdung, seine Verletzbarkeit sind bildhafte Themen dieser Ausstellung."[32]

Aufgrund der politischen Umstände im Iran gibt es in der Islamischen Republik nur wenig internationalen künstlerischen Austausch. Die Geschichte des Irans im 20. Jahrhundert weiß um die Bedrohung des Menschen durch den Menschen. Sie ist geprägt von demokratischen Bestrebungen und ihrem Scheitern. Die Islamische Revolution 1978/79 und der nachfolgende Iran-Irak-Krieg (1980–1988) verursachten Traumata, Flucht und Exil. Gleichzeitig wurde durch den Krieg auch die Legitimation der neu etablierten Regierung gestärkt, die bis heute rigoros gegen Regimegegner*innen vorgeht.

Das Museum für zeitgenössische Kunst in Teheran ist einzigartig in der Region: Es verfügt einerseits über eine außerordentliche Sammlung moderner und zeitgenössischer iranischer Künstler*innen und beherbergt andererseits in seinen Depots auch eine eindrucksvolle Sammlung von Werken westlicher Künstler wie Pablo Picasso, René Magritte, Jackson Pollock, Roy Lichtenstein, Andy Warhol, um nur ein paar wenige zu nennen. Diese Sammlung westlicher Werke wurde vor

[31] Vgl. die Nachrichtenmeldung anlässlich der Ausstellungseröffnung in persischer Sprache: *Iranian Students' News Agency*, 17.9.2012; https://www.isna.ir/news/91062715761 [1.8.2022].

[32] Günther Uecker im Gespräch mit Katrin Heise: „Bilder der Verletzung im Land der Folterer", in: *Deutschlandfunk Kultur*, 19.11.2012 [Transkript]; https://www.deutschlandfunkkultur.de/bilder-der-verletzung-im-land-der-folterer.954.de.html?dram:article_id=227915 [1.8.2022].

der Islamischen Revolution unter der Schirmherrschaft der damaligen iranischen Kaiserin Farah Diba zusammengetragen und bei der Eröffnung des Museums im Jahr 1977 der Weltöffentlichkeit präsentiert. Entgegen der allgemeinen Darstellung in den Medien war das Museum zwar während der Revolution kurzfristig geschlossen, öffnete aber nur kurze Zeit danach wieder seine Pforten, um als Plattform für moderne Kunst wie auch als Plattform für die neue Ideologie der Islamischen Republik zu dienen. Auch nach der Revolution wurde stets versucht, punktuell mit der Sammlung zu arbeiten. Mit der Reformära, die im Jahr 2004 mit der Wahl des Präsidenten Mohammad Khatami begann, nahm die Institution unter Leitung des Museumsdirektors Ali-Reza Sami-Azar den Dialog mit der eigenen Sammlung und dem internationalen Publikum noch einmal neu auf. Die Zeit der Reformen wurde mit der Wahl des konservativen Präsidenten Mahmoud Ahmadinejad beendet, trotzdem gab das Museum seinen Anspruch, internationale Ausstellungen zu organisieren, nicht gänzlich auf, wie die Schau von Günther Uecker im Jahr 2012 zeigte.

Uecker zeigte auf den Wänden des Museums in Teheran ebenfalls die Verletzungswörter, die er nun in schwarzer Tusche und persischer Schrift auf Papier brachte. Durch die Übersetzung ins Persische, die eine lokale Bezugnahme darstellt, erreichte Uecker eine unmittelbare Lesbarkeit der Verletzungswörter für das Publikum und erweiterte somit die Deutung dieser Arbeit. Ueckers Verletzungswörter konnten aufgrund der politischen Umstände im Iran auch in einem lokalen Zusammenhang rezipiert werden. Zusammenfassend wird deutlich, dass Ueckers konzeptuelles Historienbild Rostock-Lichtenhagen als Ausgangspunkt nimmt, um das globale Publikum vor rassistischen und faschistischen Ideologien zu warnen. Somit wird ein konkretes lokales Ereignis nach dem Prinzip der Geschichte als Lehrmeisterin des Lebens – *historia magistra vitæ* – zur Aufforderung an das globale Publikum, keinesfalls vor der menschengemachten Gewalt wegzusehen und die Augen zu verschließen.

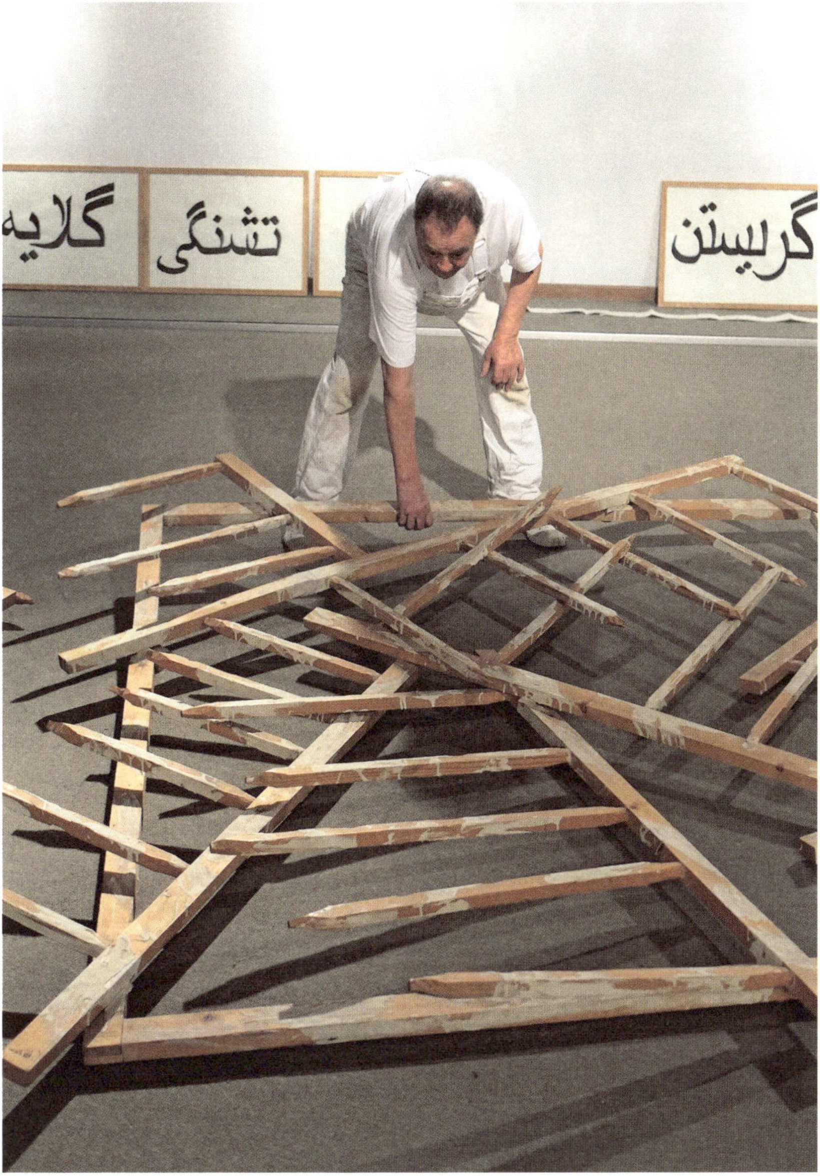

Günther Uecker während des Ausstellungsaufbaus | during the exhibition setup:
Der geschundene Mensch | *The Human Abused*, Museum für zeitgenössische Kunst Teheran | Tehran Museum of Contemporary Art, 2012

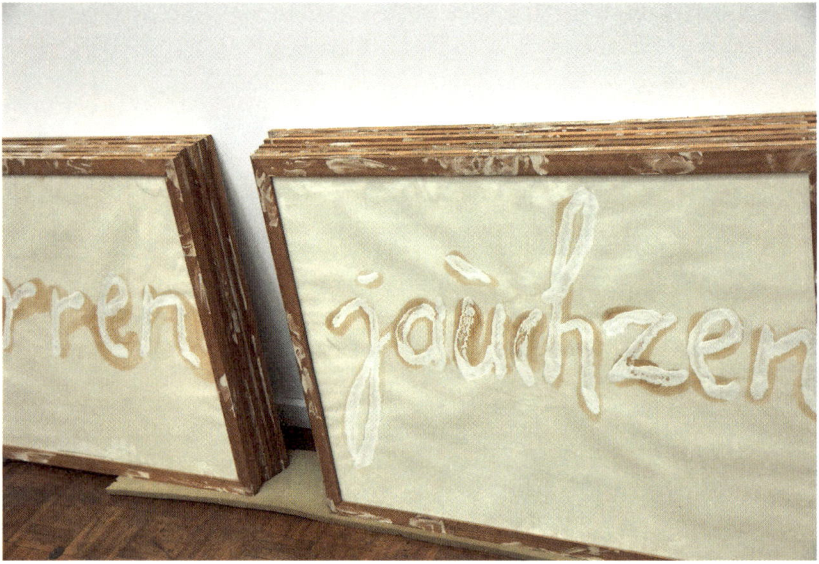

Vor dem Ausstellungsaufbau, Detail von *Gerät (auf Wörtern)* | before the exhibition setup, detail of *Implement (on Words)*: *Der geschundene Mensch* | *The Human Abused,* Kunsthalle Rostock, 2016

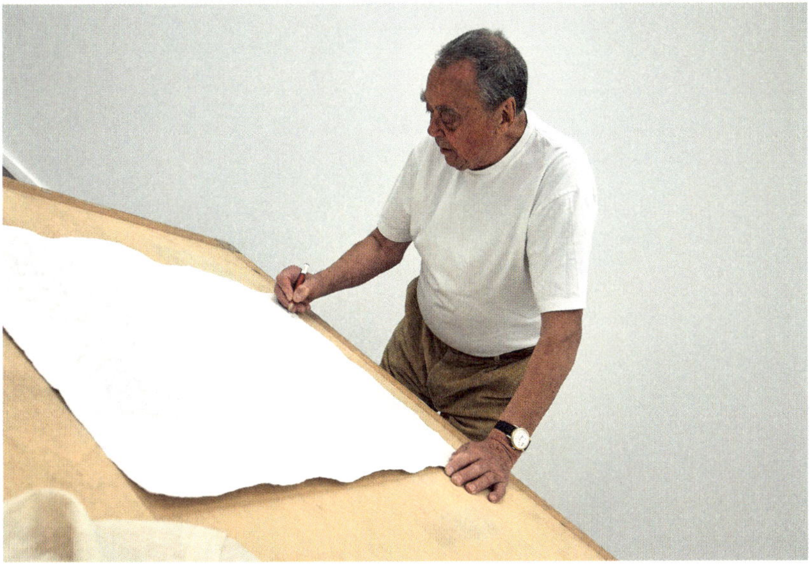

Günther Uecker während des Ausstellungsaufbaus | during the exhibition setup:
Der geschundene Mensch | *The Human Abused*, Kunsthalle Rostock, 2016

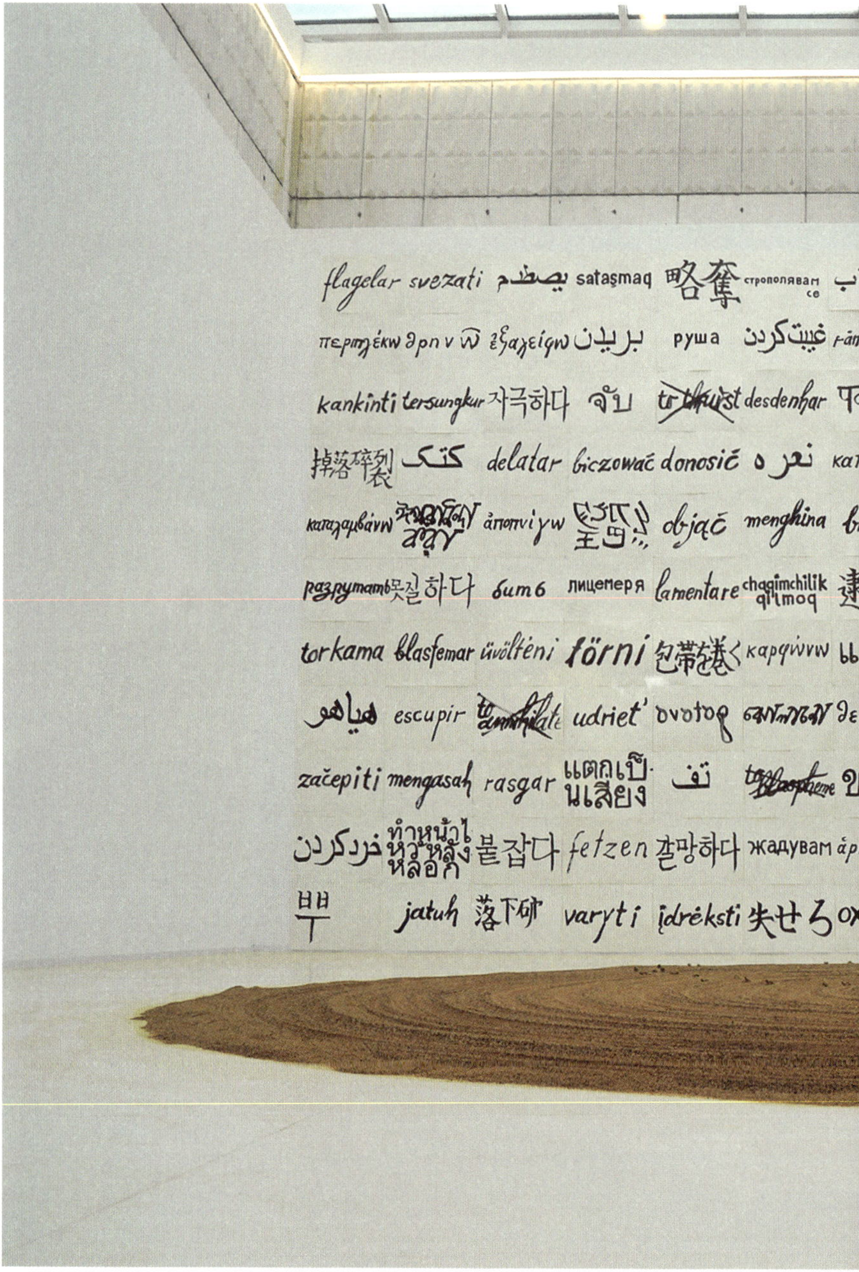

Ausstellungsansicht mit *Geißel-Mühle* und Verletzungswörtern | exhibition view with *Scourge Mill* and "words that hurt": *Der geschundene Mensch | The Human Abused*, Kunsthalle Rostock, 2016

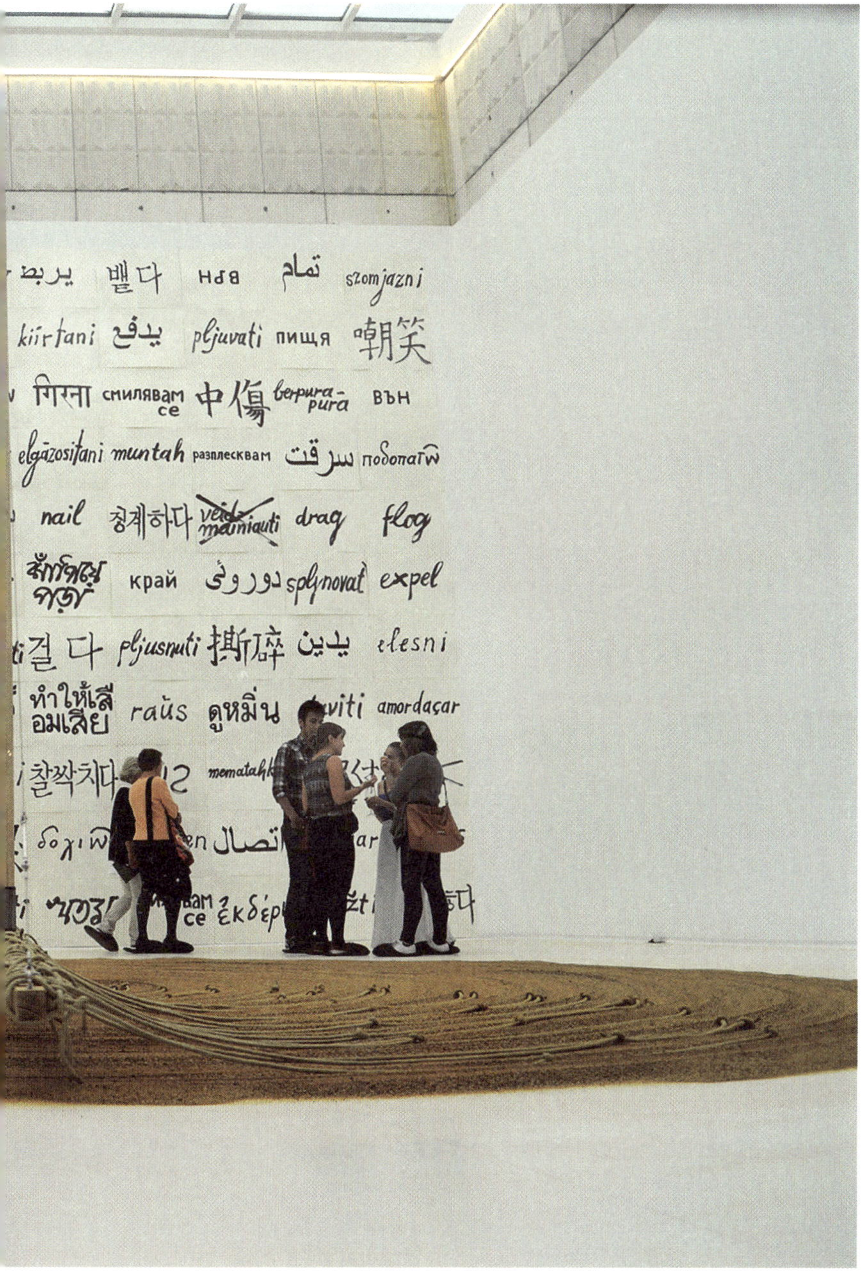

뱉다
تمام
szomjazni
pljuvati
пищя
嘲笑
गिरना
смилявам се
中傷
berpura-pura
ВЪН
muntah
разплесквам
nail
징계하다
drag
flog
край
splynovat
expel
pljusnuti
撕碎
amordaçar
찰싹치다

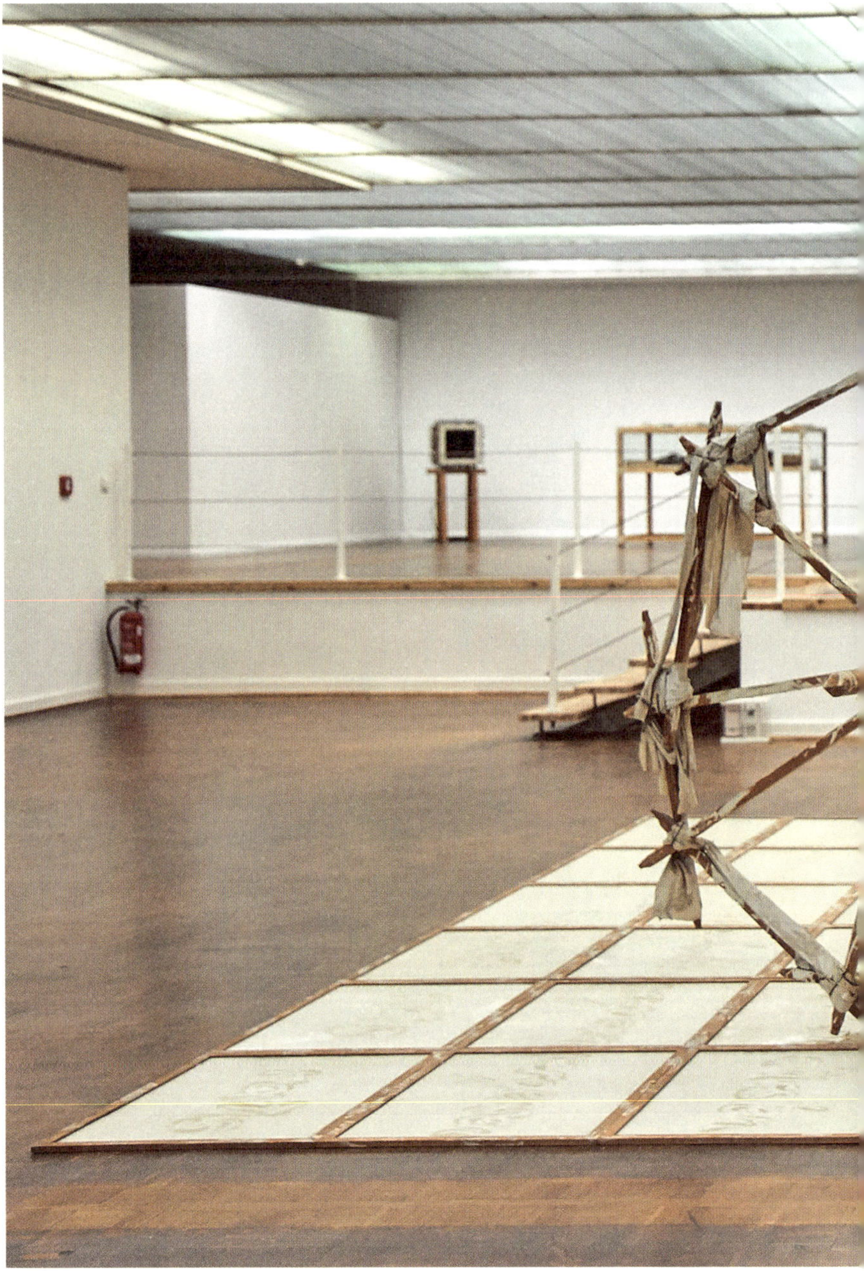

Ausstellungsansicht mit *Gerät (auf Wörtern)* | exhibition view with *Implement (on Words)*:
Der geschundene Mensch | *The Human Abused*, Kunsthalle Rostock, 2016

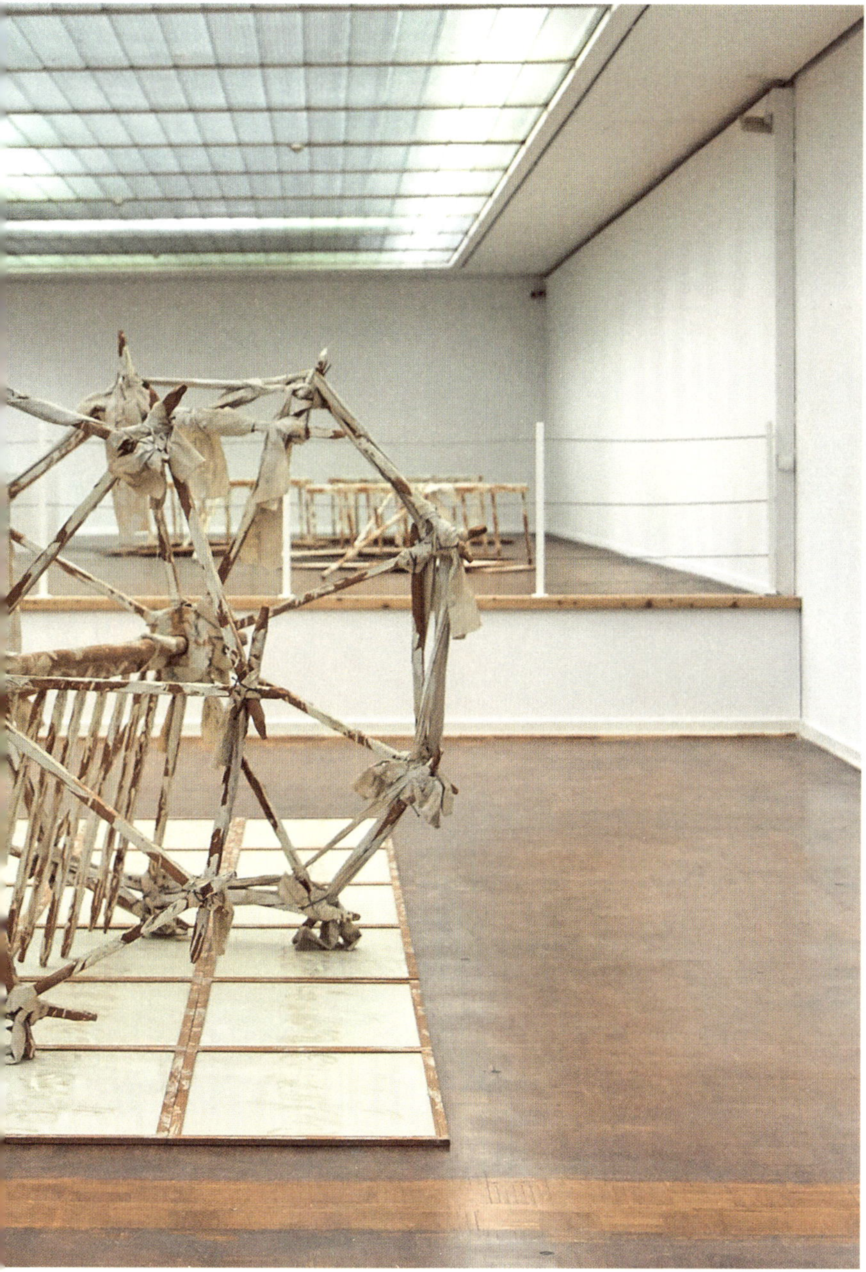

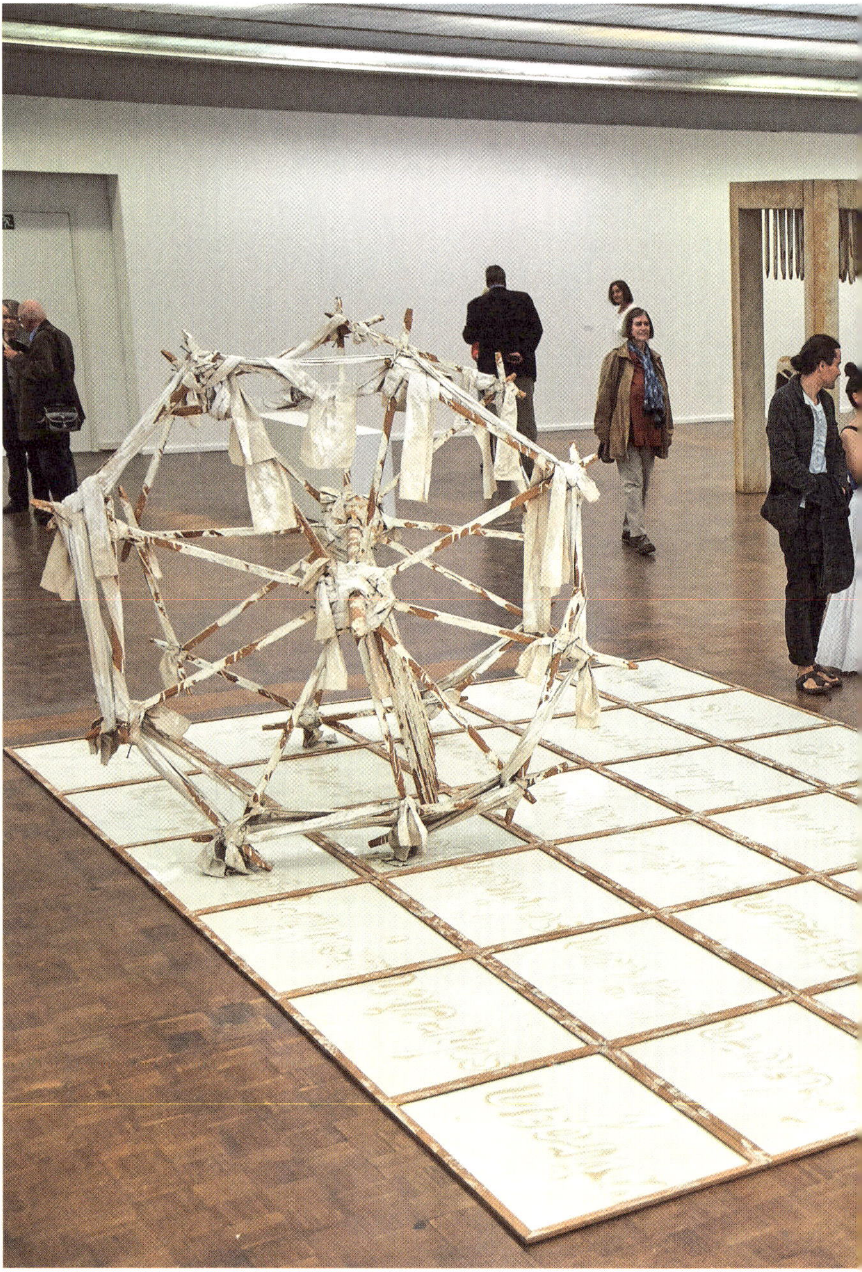

Ausstellungsansicht mit *Gerät (auf Wörtern)* | exhibition view with *Implement (on Words)*: *Der geschundene Mensch* | *The Human Abused*, Kunsthalle Rostock, 2016

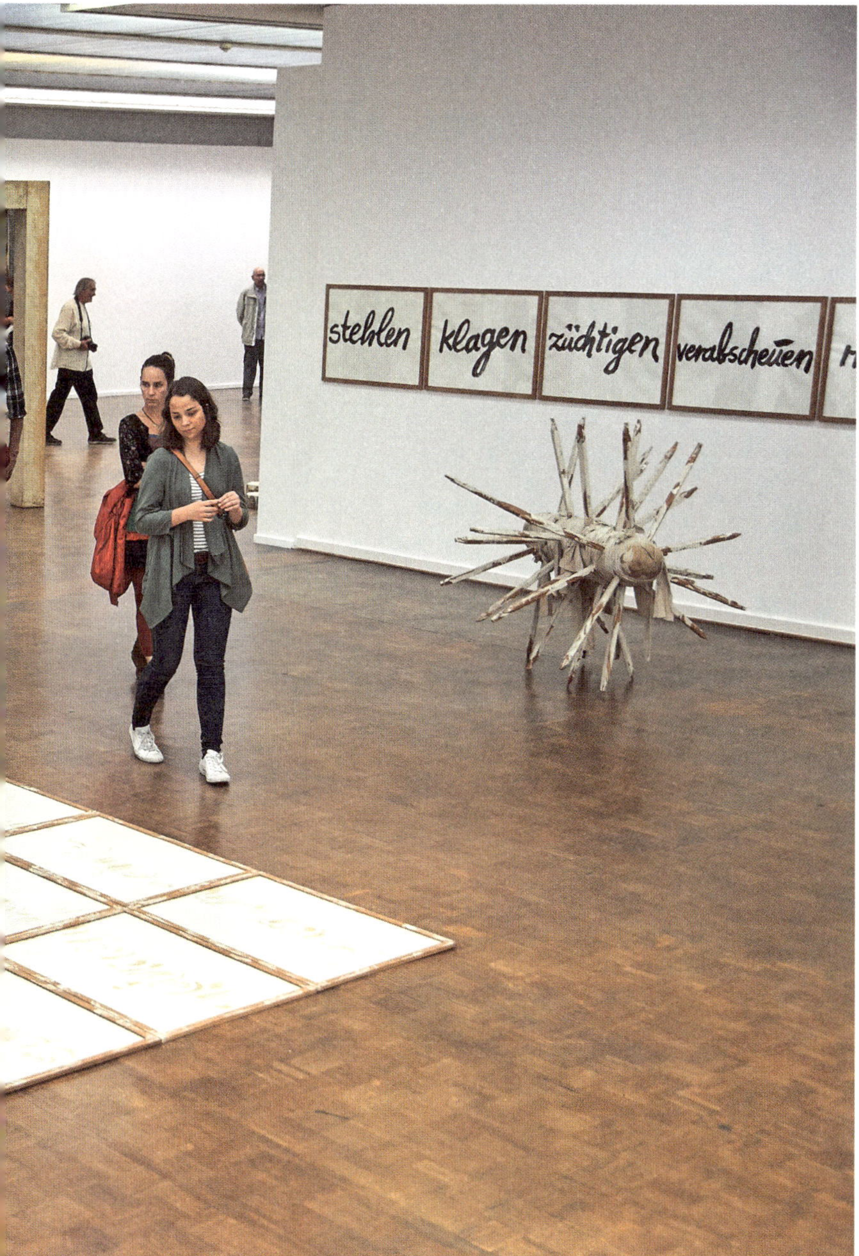
stehlen
klagen
züchtigen
verabscheuen

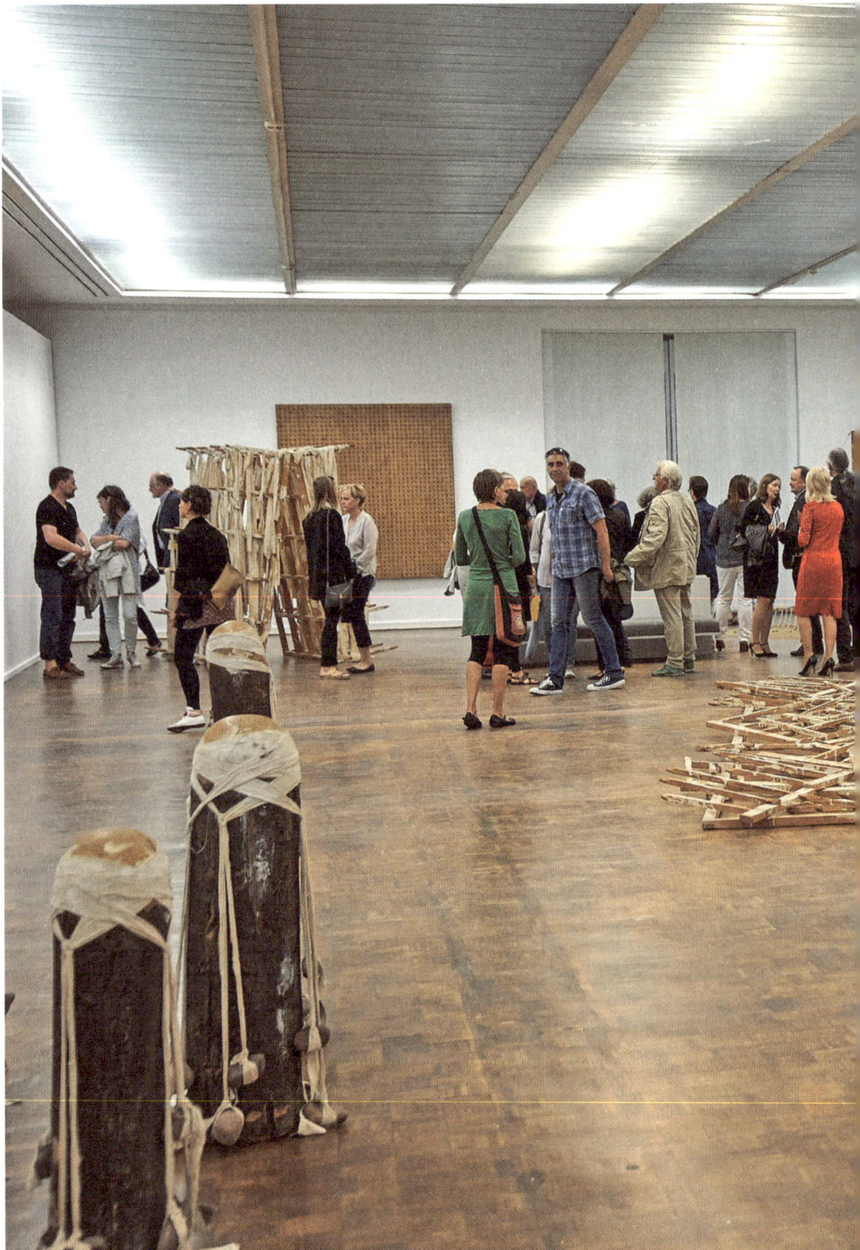

Ausstellungsansicht mit *Hindernisweg* im Zentrum | exhibition view with *Obstacle Path* at center: *Der geschundene Mensch* | *The Human Abused*, Kunsthalle Rostock, 2016

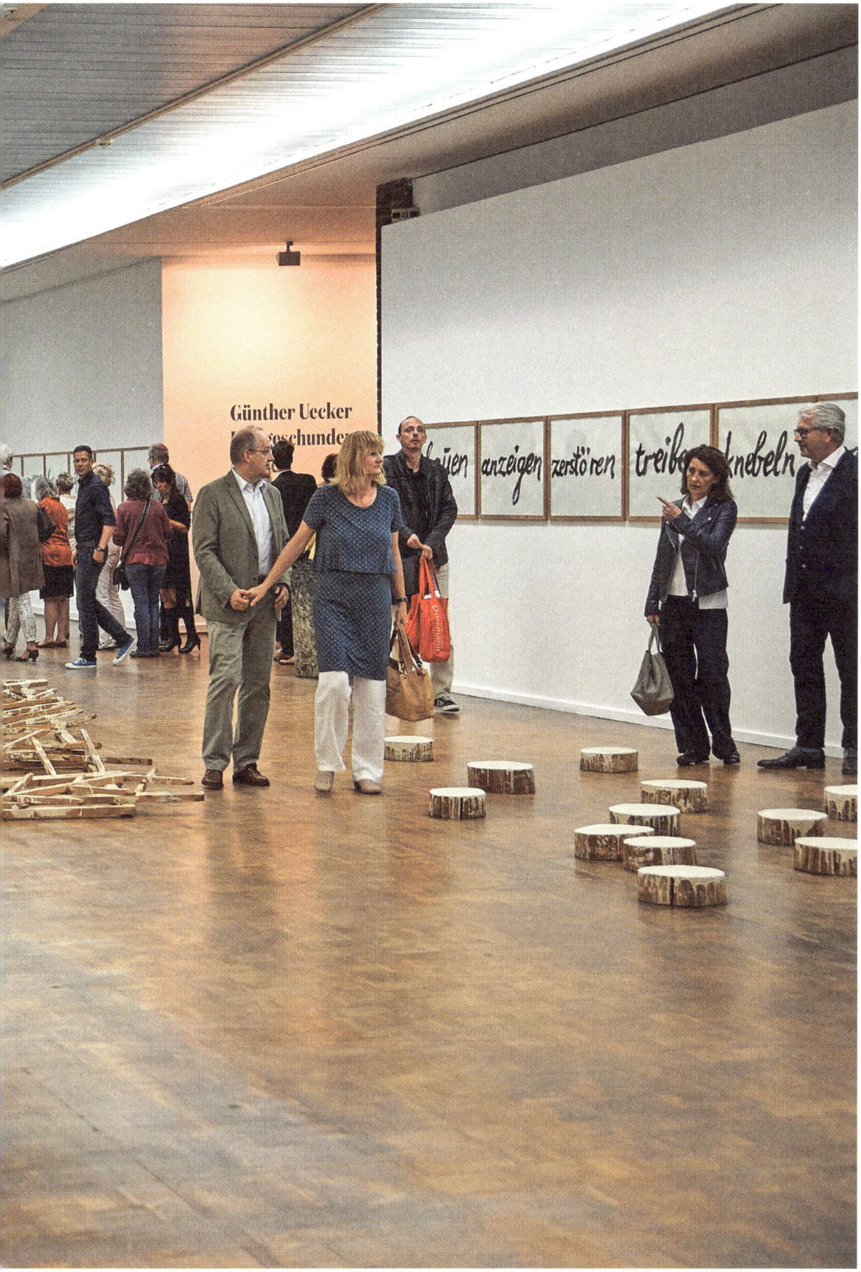
Günther Uecker
anzeigen
zerstören
knebeln

Katharina Neuburger

Portrait of an Artist in Germany

"In other words, the act of painting, the act of constructing, is the act of transforming material into human expression."[1]
Günther Uecker

In 1992, Günther Uecker was invited by the Institute for Foreign Cultural Relations (ifa) for an exhibition. The initial idea was to create a new work complex that would be a kind of portrait of the artist and his practice, one which would then travel the world under the auspices of the ifa. During preparations that same year, between August 22 and 26, radical right-wing riots in the formerly East German city of Rostock-Lichtenhagen caused agitation in a country that had been reunified less than two years prior. Uecker, too, was deeply shaken by the events. As is his customary approach, the artist transformed the events into the specific field of action for the content of the resulting work complex, using the piece to engage with what art "visualizes as reality"[2] and, indeed, is able to visualize. The individual objects contained therein became a system of reference between the artist's own sensations and that which is felt by society, while the already planned tour of the work complex became the political statement of an artist taking a position. The complex of works created for the exhibition was entitled *The Human Abused: 14 Pacified Implements*.

When the Hungarian National Museum in Budapest opened the exhibition on August 22, 1993, the first anniversary of the Rostock-

[1] Günther Uecker in conversation with Dieter Honisch, 27.3.1993, in: *Günther Uecker: Der geschundene Mensch*, exh. cat. Institut für Auslandsbeziehungen, Ostfildern-Ruit 1993, pp. 12–52, p. 13 [own translation].
[2] Ibid., p. 23 [own translation].

Lichtenhagen riots, this multi-layered system of reference became immediately apparent. On display were works which, on the one hand, as planned from the beginning, outline Uecker's entire artistic horizon—from "ash paintings" to "implements," from his nail paintings to installations of "words that hurt"—and which, on the other hand, refer to the Rostock-Lichtenhagen riots. The complex was thus to be understood not as site-specific but, rather, as event-specific.

Katrin Nahidi subjects Uecker's determinacy as an artist, and, thus, also his taking a position as a German artist, to an unusual analysis. Her text focuses on one of the works developed for the ifa touring exhibition, namely the *Implement (on Words)*. The core of her investigation is a theoretical connection of conceptual art with history painting to postulate a 'conceptual history painting,' a term with the help of which she traces the relation of event and work while investigating how the artist succeeds in transferring epistemological experience into his artistic work via a conceptual approach that does not resort to conventional methods of representation. In her analysis of Uecker's use of communicative elements in an art context (in contrast to those in information media), as well as his use of language as visual material, the author locates a mechanism central to Uecker's understanding of conceptual art. For him, language does not constitute a turning away from painting, nor does it represent a turn towards sculptural abstraction. These are paths of access to painting, just as the nail hammered into the surface of a canvas serves the artist in his attempt to "bring the painterly closer to the eye."[3] Object-based and installation works are both to be understood within Uecker's expanded artistic field *as images*. With these images, the artist makes visible his observations. By placing his determinate and self-determined body in relation to specific, then-current political events, he conveys them aesthetically. As Uecker emphasizes, "So this is my protest, my statement, an expression of my agitation, the portrait, so to speak, of an artist in Germany."[4] Perception, to summarize Uecker's idea of "the act of

[3] Ibid. [own translation].
[4] Ibid., p. 52 [own translation].

constructing" can be—tactilely, visually, affectively—made both representable *and* experienceable through works of art.

The relation of Uecker's body to his work and his position in relation to what he observes in the world and subsequently presents to the viewer for their disposal are highly significant. Such connections are also referenced in the abovementioned conversation with the artist from March 27, 1993, during which Dieter Honisch describes: "The spacing of the nails depends on the thickness of your fingers, the extension of the fields on the reach of your arms, your feet, your body, so that you as the creator are sensually always present."[5] As the relational allows a specific space to emerge between event, artist, and work, the essential question must arise, with regard to public perception, of what relation an 'event-specific' work such as *Implement (on Words)* stands in with the new contexts and altered systems of reference found, for example, in the different countries and continents visited by the touring exhibition. That this sort of opening is also inherent as a possibility in Uecker's work complex *The Human Abused: 14 Pacified Implements* could be clearly seen in the venues of the exhibition as it moved across the world, for which Uecker transposed his linguistic images, the "words that hurt," into the languages of each given country. As Katrin Nahidi also emphasizes, this transformation from the local to the global was suggested by the cooperation with the ifa, which offered Uecker the possibility of transferring his 'conceptual history painting' to a political field of discourse.

Uecker, however, further adds a quietly poetic dimension to the interpretation of his work: in *Implement (on Words)*, according to Uecker, the white paint on the wood can also remind one of snow, or of the period during which a piece of farming equipment stands unused while the earth is at rest and is no longer being worked.[6] Thus, even as the implement is 'pacified,' it refers still to the violence of tilling and plowing, to the tearing up and exploitation of the earth. Through this

[5] Ibid., p. 36 [own translation].
[6] Ibid., p. 52 [own translation].

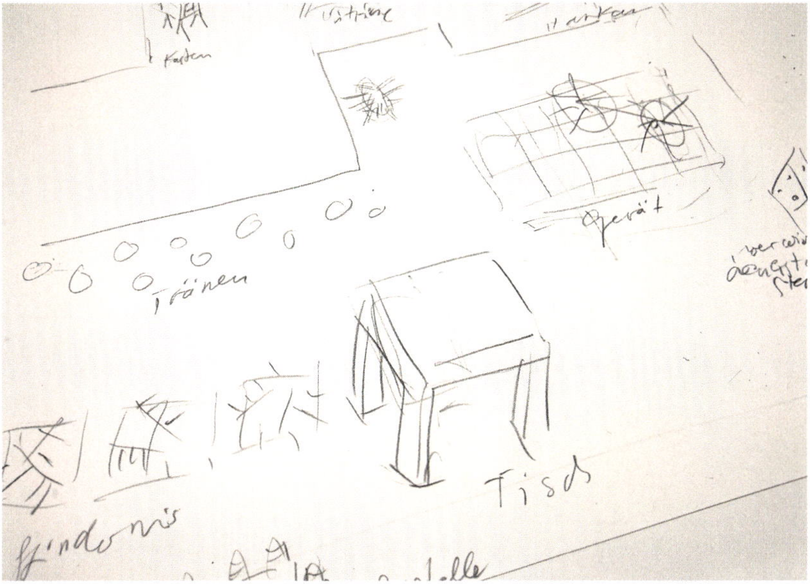

Günther Uecker, Skizze für | sketch for: *Der geschundene Mensch* | *The Human Abused*
Kunsthalle Rostock, 2016

link and the larger frame of reference to the Rostock-Lichtenhagen riots that underlies the exhibition context of *The Human Abused: 14 Pacified Implements* as a whole, as well as through Uecker's expressed perception of himself as a "German artist" and the translation of this position into a global exhibition context, the close relationship between the artist's own determinacy and the determinateness of his images becomes clear. In so doing, they refer always back to Uecker the human being, whose existential connection to the act of creation is evident. It is not the depth of the images that he, the human being, is at the mercy of, but, rather, as Uecker states, "the unpainted pictures are my dangers."[7]

[7] Ibid., p. 36 [own translation].

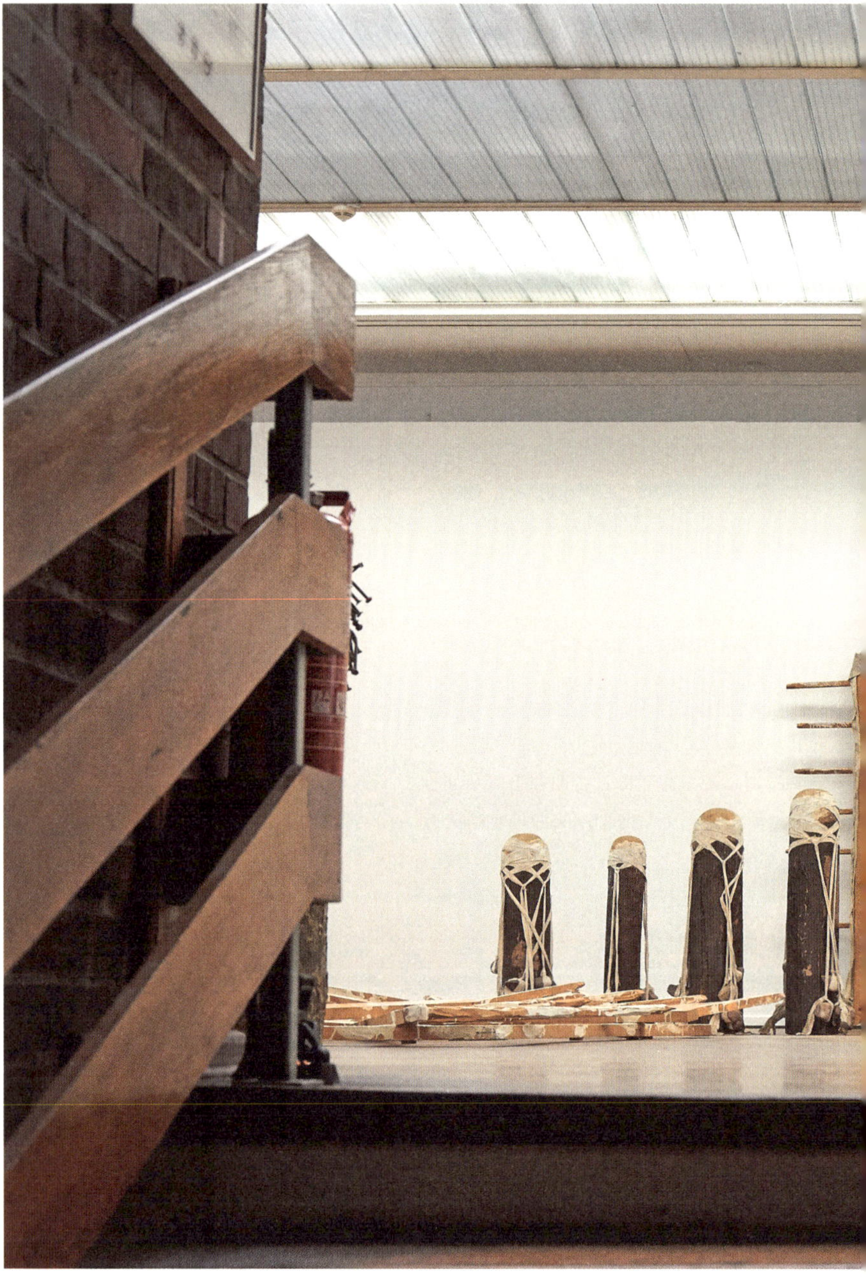

Während des Ausstellungsaufbaus, Ansicht von *Wald hängender Steine* und *großes gelbes Bild* | during the exhibition setup, view of *Forest of Hanging Stones* and *Large Yellow Picture*: *Der geschundene Mensch* | *The Human Abused*, Kunsthalle Rostock, 2016

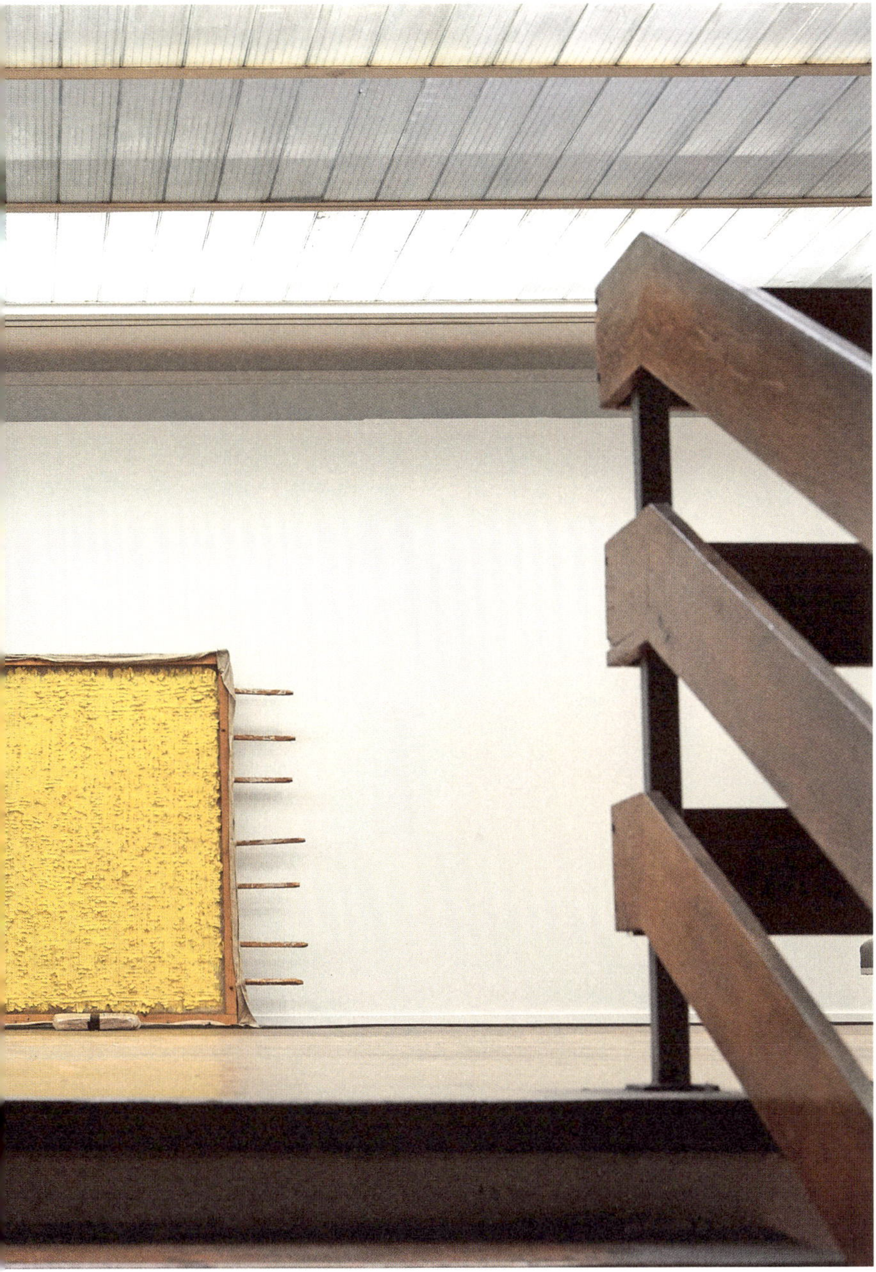

Katrin Nahidi

The Human Abused: Günther Uecker's Conceptual History Paintings

Günther Uecker's work complex *The Human Abused: 14 Pacified Implements* (1992/93) truly traveled the world from 1993 to 2016 and was shown in Europe, North and South America, Africa, Asia, and Australia. According to the Institute for Foreign Cultural Relations (ifa), which realized the tour, Uecker's piece was shown in a total of 45 different locations.[1] These included Budapest, São Paulo, Montevideo, Athens, Warsaw, Sydney, Taipei, Jakarta, New Delhi, Mumbai, Baku, Casablanca, Cairo, as well as the Iranian cities of Tehran and Isfahan, to name only a few.

In Uecker's touring exhibition, what the artist refers to as "words that hurt" (*Verletzungswörter*) played a central, unifying role. With these infinitive verbs, gathered from the Old Testament, Uecker formed a vocabulary of the things people do to each other and what they make each other do. Uecker had the verbs, such as "to torture," "to stab," and "to hang," translated from the German into the respective national languages of the individual locations of the touring exhibition, wrote them on paper, and framed them. These word panels were displayed on the walls but also served as a substrate, with this latter role also communicated, for example, by the title of one of the objects included in the work complex: *Implement (on Words)* (1992). In addition to this, the "words that hurt" surrounded wooden objects, which, as what the artist calls "pacified implements" (*befriedete Gerätschaften*), evoked associations with agricultural implements and

[1] Author's email correspondence from 3.12.2019 with Nina Bingel, Deputy Head of the Art Department and Division Head of Touring Exhibitions at ifa. The tour schedule is listed in this publication. Please see pp. 89–93.

torture devices and, thus, became interpretable as tools of the human exercise of violence.

With the complex of works as a whole, Günther Uecker referred to the right-wing-motivated riots which occurred in Rostock in 1992. By means of an iconographic work analysis of the exemplary object *Implement (on Words)*, the political dimension in Uecker's work will be examined. By looking at the events in Rostock-Lichtenhagen and their reception, it will be shown to what extent Uecker's object *Implement (on Words)* can be regarded as a conceptual history painting,[2] in order to then observe, with an excursus on the Tehran Museum of Contemporary Art, in which way Uecker's work complex, through its inherent ambiguity, develops the potential to become locally effective within a global exhibition context.

The *Implement (on Words)* and the Events in Rostock-Lichtenhagen

Günther Uecker's work *Implement (on Words)*, is based on the aforementioned "words that hurt," individual word pictures framed in glass, which, rectangle by rectangle, produce in their arrangement the impression of a chessboard. On this board, like a game piece, the wooden implement awaits its next move. This visually striking object consists of two wooden spoked wheels, each with a hub and spokes connected by an axle. It is painted in white and wrapped in white linen. The underlying word pictures, in their capacity as "words that hurt," denote acts of violence that can also have fatal outcomes. The strict order given by the framed words not only gives an insight into the abysses of humanity, but also maps possible physical and psychological injuries.

[2] Editor's Note: Though the German term *Historienbild* can be translated as 'history image,' we have decided to use the conventional genre term 'history painting' to describe what is in fact an installation work. This makes clear the author's emphasis on both how far Uecker is expanding the parameters of the genre as well as the unified visual impression made by the work complex as a whole.

As Günther Uecker himself has repeatedly emphasized, this artistic work is his reaction to the riots in Rostock-Lichtenhagen during August 1992,[3] when right-wing radicals carried out an arson attack on the residences of so-called 'asylum seekers' and 'guest workers' and the rule of law was seen to fail miserably in the face of the escalating violence. Before the violence came to a head on Monday, August 24, the local press had been reporting on calls from right-wing radicals threatening to riot against those living in the so-called '*Sonnenblumenhaus*.'[4] Primarily young people, incited by the ultraconservative and racist slogans of other Rostock inhabitants, attacked the Central Refugee Shelter (ZAST) and the immediately neighboring housing of former Vietnamese contract workers with Molotov cocktails. Due to this aggression, the asylum seekers were moved to other shelters, but, even after their evacuation, the violence continued. The Vietnamese residents, who had not been evacuated, became the target of the angry mob, which attacked their home with Molotov cocktails. Nearly 150 Vietnamese residents, several social workers, and a television crew from the German television station ZDF were trapped in the flames of the burning building. The angry crowd did not allow the incoming fire department to pass, though fortunately the trapped people were able to escape the flames via a rooftop exit.

Scholarly research on the riots in Rostock-Lichtenhagen has been relatively meager. However, there are some films that reflect on the events, such as the documentaries *Wer Gewalt sät ... Von Biedermännern und Brandstiftern* (*He Who Sows Violence ... Of Moral Men and Arsonists*, Gert Monheim, 1993) and *The Truth Lies in Rostock* (Siobhan Cleary and Mark Saunders, 1993) or Burhan Qurbani's feature film *Wir sind jung. Wir sind stark.* (*We Are Young. We Are Strong.*, 2014).

A vivid account of the events in Rostock can also be found in Saša Stanišić's book *Where You Come From*, published in 2019. In this literary

[3] Cf. Günther Uecker in conversation with Marion Ackermann, in: *Uecker*, exh. cat. Kunstsammlung Nordrhein-Westfalen, Düsseldorf, 7.2.–10.5.2015, Berlin 2015, n. p.

[4] Cf. Ulrich Ben Vetter: "Lichtenhäger Bürgerwehr will ZAST 'aufräumen.' Anonymer Anrufer: 'Wir schaffen Ordnung,'" in: *Norddeutsche Neueste Nachrichten/Rostocker Anzeiger*, 19.8.1992, p. 9.

work, the author reflects on his childhood and youth as a refugee in Germany and on the year 1992, when the events in Rostock-Lichtenhagen were clearly etched in his memory:

"On August 24, 1992, neo-Nazis throw Molotov cocktails into a residence for Vietnamese contract workers in Rostock, Germany. There are spectators. Citizens of Rostock. Hate-tourists who've made a special trip. Police.
'We'll smoke 'em out!'
'Hang 'em!'
'*Sieg Heil!*'
Fires are started on the lower floors of the building. The crowd sings: 'On a day as beautiful as this.' There are food stands. You can buy a beer and a sausage and watch the flames. The fire department comes; people have blocked the roads. It's a German pogrom festival."[5]

Saša Stanišić's contemporary account shows that the events in Rostock-Lichtenhagen have lost none of their historical explosiveness to this day. However, not only this example from literature, but also the political developments of recent years in Germany, such as the noticeably increasing presence of radical right-wing forces in society, as well as an accumulation of racist attacks, such as the NSU murders and the attack in Hanau in 2020, all testify to continuing right-wing violence and the sad current relevance of the issue.

Addressing specific political and socio-cultural events is an essential artistic strategy that runs like a thread through Günther Uecker's oeuvre. In this respect, Uecker's engagement with the subject of the Rostock-Lichtenhagen riots is not exceptional in his artistic work. It is therefore all the more surprising that, so far, research on Uecker's work has only rarely considered it as politically engaged art. This is not unique to Uecker. Rather, according to the French philosopher Jacques

[5] Saša Stanišić: *Where You Come From*, translated by Damion Searls, London 2021, p. 137.

Rancière, the reason for the depoliticization of art and the predominance of formalist and biographical approaches and methods lies in the notion of the autonomy of modern art:

"The notion of modernity thus seems to have been deliberately invented to prevent a clear understanding of the transformations of art and its relationships with the other spheres of collective experience."[6]

As Rancière argues, "art is not, in the first instance, political because of the messages and sentiments it conveys concerning the state of the world."[7] For Rancière, the distinctive feature of art is that it brings about a reordering of material and symbolic space. This approach is clearly realized in Uecker's work *Implement (on Words)*, which opens up an anti-racist discursive space by referring to a concrete historical event. This anti-racist discourse was brought from its local context into a global one by the ifa's touring exhibition, where it created other local points of connection.

Conceptual History Paintings

In this context, two further examples from Uecker's oeuvre will be examined more closely, ones in which the artist pointedly establishes a reference to current events. Uecker's 1986 series *Ash Paintings* (*Aschebilder*) represents an artistic response to the nuclear catastrophe in Chernobyl that same year. As the artist himself explains,

"[can] fertility be grounded in ashes. What are the grounds that preserve man in the history of his life and destruction. Many of my ash

[6] Jacques Rancière: *The Politics of Aesthetics: The Distribution of the Sensible*, translated by Gabriel Rockhill, New York 2004, p. 21.
[7] Jacques Rancière: *Aesthetics and Its Discontents*, translated by Steven Corcoran, Cambridge 2009, p. 23.

paintings were created after the reactor accident in Chernobyl, when I could no longer communicate in words what had touched me there in such a harrowing way, I swerved and thought; if I try to express this with images, it becomes possible for me. The whole cycle of ash people actually arose from the despair of being vulnerable."[8]

Uecker's human-sized *Ash Paintings* gained an unexpected immediacy when, just months before the 2011 nuclear accident in Fukushima, they were published in a special edition of Christa Wolf's text *Accident: A Day's News* (*Störfall: Nachrichten eines Tages*). Wolf describes Uecker's *Ash Paintings* in this context as follows:

"A human, the artist himself, Günther Uecker, throws himself into a field of ashes, leaving behind, when he gets up, a 'body's place,' a 'void place,' the outline of which is produced by ash: 'So that's me, too.' To expose himself unreservedly is the only way a man like Uecker can confront the violence of this question: will the planet remain habitable for us humans? His ash paintings evoke associations with the uncanny shades that the Hiroshima bomb made out of people of flesh and blood."[9]

Drawing on Christa Wolf's texts and Uecker's works, literary scholar Friederike Eigler situates Uecker's *Ash Paintings* as art of the Anthropocene, a new geological age in which humans effect biological, chemical, and atmospheric transformations. For Eigler, Uecker's works represent a valuable contribution to the Anthropocene discourse because they show a world in which the promise of modernity, namely, that humans could dominate nature, is turned completely on its head.[10] This shows

[8] Günther Uecker, in: *Christa Wolf, Günther Uecker: Störfall, Aschebilder*, edited by Manfred Jendryschik and Reinhardt O. Cornelius-Hahn, Halle (Saale) 2010, p. 5 [own translation].

[9] Christa Wolf, in: ibid., p. 6 [own translation].

[10] Cf. Friederike Eigler: "Art in the Anthropocene: Christa Wolf's *Störfall* (Accident) and Günther Uecker's *Aschebilder* (Ash Paintings)," in: *South Central Review*, vol. 36, no. 3, Fall 2019, pp. 30–49.

that Uecker's art is not created as an autonomous experiment in a vacuum, which is often seen as a supposed characteristic of modern art. Eigler elaborates on this by placing Uecker's *Ash Paintings* in a relation with historian Dipesh Chakrabarty's thesis, which argues that we

"will have to develop a shared sense of our own species, a sense of 'human collectivity' via a shared sense of catastrophe if we want to effectively change global conditions that do not only destroy biodiversity at an alarming pace but that ultimately also threaten the human species in its entirety."[11]

On closer examination, the charting of the threat of man to man crystallizes as a kind of central theme in Uecker's artistic work. This theme can be found in a cautionary form as pictorial subject in Uecker's *Ash Paintings* as well as in the work complex *The Human Abused*.

Ash also played an important role as an artistic element in the *Leipzig Papers* (*Leipziger Blätter*, 1989). On November 9, 1989, Uecker was in Leipzig to install an exhibition and decided to join the demonstrations there. Uecker recorded his impressions of these in the *Leipzig Papers*, which thus became a manifestation of his witnessing of the Peaceful Revolution. The piece consists of 35 abstract works on paper, made from a mixture of ash, charcoal, and glue, which portray the demonstrations in a non-representational manner. Because of its abstract formal language and lack of pictorial representation, the piece was, as Anne-Kathrin Hinz notes, "closely tied to his [Uecker's] own experience of the events in Leipzig and the goal of transforming emotions into artistic expression."[12] Hinz concludes that "the papers are an authentic image of his perception" and can be interpreted as a "representation of his visual witnessing."[13]

[11] Ibid., p. 30. Cf. Dipesh Chakrabarty: "The Climate of History: Four Theses," in: *Critical Inquiry*, vol. 35, no. 2, Winter 2009, pp. 197–222.

[12] Anne-Kathrin Hinz: "Abstraktion als Zeugnis der Wirklichkeit: Günther Uecker und Karl Otto Götz als Augenzeugen der Geschichte," in: Claudia Hattendorff/Lisa Beißwanger (eds.): *Augenzeugenschaft als Konzept: Konstruktionen von Wirklichkeit in Kunst und visueller Kultur seit 1800*, Bielefeld 2019, pp. 93–107, p. 104 [own translation].

[13] Ibid. [own translation].

In the aforementioned examples of the *Leipzig Papers* and *Implement (on Words)*, Uecker, as an eyewitness, makes reference to important events in West German/East German history. Thus, if we consider Uecker's works as artistic reactions to specific historical events, the question arises as to what extent Uecker's works can be described, from an art historical perspective, as contemporary variations on history painting.

For a long time, history painting, based on a model of history as 'life's teacher'—*historia est magistra vitæ*—was placed highest in the order of artistic genres. Accordingly, history painting is not so much a chronicle of history, but plays, rather, an educational role, one in which its significance and function as a model for future generations is reflected.[14] This is definitely also implemented in Uecker's works, in that the artist constantly links his works to the following motto: "Art cannot save humanity, but, by means of art, a dialogue is possible that calls for action towards the preservation of humanity."[15]

Situating the work *Implement (on Words)* in its specific context of the Rostock-Lichtenhagen riots, however, requires the cooperation of its viewers and information given by the artist, as the work does not have a documentary or photojournalistic character. Uecker deliberately refrains from an explicit depiction of violence. This strategy stands in stark contrast to the media, which widely disseminated images of the riots and its perpetrators. As Maja Figge explains in this context:

"The Rostock-Lichtenhagen pogrom was a media event. For days, one could watch at home the television images of the clapping and cheering crowds, the residents shouting out their hatred in front of running cameras, the young people performing the Hitler salute, the neo-Nazis who had traveled from all over the country, the fights with the police, and, finally, the attacks with stones, sticks, and incendiary devices on the

[14] Cf. Thomas Kirchner: "Historienbild," in: *Handbuch der politischen Ikonographie*, vol. 1, edited by Uwe Fleckner, Martin Warnke and Hendrik Ziegler, Munich 2011, pp. 505–512.

[15] *Günther Uecker: Injuries – Connections*, exh. cat. Tehran Museum of Contemporary Art, 16.9.–22.11.2012, Tehran/Düsseldorf 2013, p. 16.

ZAST and the residential building. The footage from inside the Sonnenblumenhaus, filmed by a team from the ZDF program KENNZEICHEN D, who were involuntarily locked in with the residents, and aired on the program on August 25, 1992, provided further insight into the scope of the deadly threat."[16]

Instead of putting the violence into the image and reproducing it narratively in *Implement (on Words)*, Uecker works here primarily in monochrome. Uecker wrote the "words that hurt" in white paint on white paper, though he allows them to remain legible by means of a light brown border that corresponds in color with the wooden objects. The legibility of the words and Uecker's contextualization of the work as an artistic reaction to the Rostock-Lichtenhagen riots make the work a history painting, without asserting any of the former canonical primacy of the genre. This is evident, for example, in the idiosyncratic use of the medium of painting, manifested here as a coating of white. In particular, however, the didactic aspect of the piece comes to the fore, in that the degree of abstraction in its structure and especially the Old Testament "words that hurt" elevate the concrete events in Rostock-Lichtenhagen into the context of a universal history of violence. In this very guise, the history painting as a representation of historical events that carry significance in the context of dynastic or national narratives has also renewed its validity as a figure of thought in modernism and postmodernism, as can be observed, for example, in Pablo Picasso's *Guernica* (1937) or Martha Rosler's *Bringing the War Home* (1967–72).

With the invention of photography and photojournalism, history painting was replaced over time by a kind of reporting that elevated the photojournalistic to its position as the primary representation of historical events. In this respect, Uecker's monochrome depictions of the worst kinds of human violence explore the possibilities and potential

[16] Maja Figge: "Rassistische Gewalt und ihre Rahmungen: Zur filmischen Erinnerung in Burhan Qurbanis *Wir sind jung. Wir sind stark.*," in: *montage AV*, vol. 25, no. 2, 2016, pp. 37–54, p. 39 [own translation].

of painting in an age when photography and film are visually dominant. The monochrome is not only a negation of figurative representation on the formal level, but also makes clear by its content that this form of human violence eludes any kind of immediate representability. Especially when placed in direct comparison to the media discourse surrounding the Rostock-Lichtenhagen riots, Uecker's work seems far less dramatic—even calm. For the curator Kornelia Röder, Uecker's complex subject matter represents "a set of visual and mental triggers in which reason and emotion can be experienced immediately as two equally valid ways of approaching the world."[17]

At first glance, the wooden objects in the work complex *The Human Abused: 14 Pacified Implements* evoke associations with farming or torture devices. Especially in combination with the "words that hurt," the wooden wheel, for example, conjures images of the cruel execution method of wheeling. But, as Iwona Bigos aptly describes, "[he] removed the risk of injury from these dangerous machines and, using bandages and plasters, transformed them into vulnerable beings, making victims out of potential executioners."[18] Uecker himself describes these implements as 'pacified' because he has removed their injurious function through their materiality and schematic representation. In a similar way, he has also pacified the "words that hurt." He has collected, sorted, and ordered verbs such as "to spit," "to drag," or "to thirst for," which represent the extent of human violence. By framing them as individual images, these verbs describing acts of violent excess are separated and isolated from one another.

Displaying objects individually is a central strategy of musealization when presenting and preserving objects from the past. In this way, the dangerous and threatening potential of the individual words can literally be kept within bounds and their violent potential mitigated.

[17] Kornelia Röder: "Word Pictures," in: *Günther Uecker: Porträt Mensch*, festschrift Staatliches Museum Schwerin, translated by Jeremy Gaines, Vienna 2016, pp. 193–203, p. 199.

[18] Iwona Bigos: "Günther Uecker in Poland: The Near/Far East," in: *Günther Uecker: Porträt Mensch*, festschrift Staatliches Museum Schwerin, translated by Jeremy Gaines, Vienna 2016, pp. 121–131, p. 128.

However, the fact that the "words that hurt" are neither part of a musealized past nor have lost any of their current relevance becomes clear in their interplay with the "pacified implements." The framed, pacified words map the field of human acts of violence. Uecker's use of glass makes especially clear the fragility of the peaceful order he establishes in the work, as even small movements of the wooden objects could break the glass and allow the "words that hurt" to escape their pacified state. Uecker cultivates an experimental approach to material and materiality here. In this way, he expands the traditional historical image and lends it a permanent relevance through a conceptual orientation.

Words That Hurt: Conceptual Art as Political Medium

The work *Implement (on Words)* can be classified as conceptual art. From this perspective, another important element for the analysis of the work complex *The Human Abused* becomes clear: the series. The idea of the series is manifested in the "words that hurt" that Uecker had translated for each respective venue during the ifa touring exhibition and painted himself on paper in black ink in the respective national languages.

Jasper Johns, for example, also used the concept of the series as an artistic device. His series 0 *through* 9, created in 1961 during his time in New York, consists of twelve works in which the artist applied the numerals from zero to nine on top of each other on the canvas. Here, the focus on numbers serves as a means of abstraction, whereby no spatiality can arise in the image and, thus, the materiality of the paint and the brushstroke are brought to the fore. Uecker, on the other hand, dispenses almost entirely with color in his serial works, but integrates his artistic ductus via his own handwriting. In this way, Uecker's transfer of language onto paper is clearly different from the printing of words in a newspaper. For, through the individual nature of his handwriting, the painted word becomes an image.

The artist On Kawara also used serial monochrome works as an artistic strategy to address topical socio-political issues and explore questions of the representability of violence and trauma. In 1966, Kawara began his *Today* series, also known as the *Date Paintings*. Each of these works bears the date on which it was created in horizontal lettering on a monochrome ground. In a way similar to Uecker, Kawara references his own surroundings: the *Date Paintings* take the specific form of the date at the artist's particular location. Each *Date Painting* is kept in a box along with a local daily newspaper. The series of paintings is accompanied by a "meticulous inventory"[19] consisting of daily newspapers, calendar pages, as well as information about each painting, such as the place where it was created, the size of the work, and even photographs. From this interplay it becomes clear that the *Date Paintings* consist by no means of randomly selected dates, but, rather, that the artist was placing historical markers that are primarily connected to war-related events and their consequences, as well as to accidents and death reports.[20]

The themes of life and death run like a thread through Kawara's artistic work. He pays particular attention to the fatal consequences of World War II and the atomic bombs dropped on Hiroshima and Nagasaki. The atomic bombings, which cost countless lives and continue to this day to have effects, represent a traumatic event in Japanese history. Consequently, the question arises of how these issues can be represented in art. Photojournalistic works only reproduce a single image, but how can more complex images be produced? Kawara has chosen a minimalist mode of expression for this purpose. His artistic aesthetic, however, stands in marked contrast to his pictorial content. Kawara's monotonous ordering and the works' immaculate monochrome surfaces disguise the underlying memories of war and death, but, at the same time, the almost obsessive repetition forestalls forgetting.

[19] Jung-Ah Woo: "On Kawara's '*Date Paintings*': Series of Horror and Boredom," in: *Art Journal*, vol. 69, no. 3, Fall 2010, pp. 62–72, p. 63.
[20] Cf. ibid., p. 63.

In their artistic works, Kawara and Uecker go beyond a photojournalistic, mimetic portrayal of violence by addressing the limits of visibility through conceptual strategies. Their works are based on an almost bureaucratic order that makes possible the development of a wide spectrum of visual interpretations in their reception. For the art historian Benjamin H. D. Buchloh, this principle of the "aesthetic of administration" is a particular characteristic of conceptual art, which is characterized above all by a "multiplicity of *nonspecialized* modes of object- and language-experience."[21] For Buchloh, the administrative order is an important model for overcoming artistic transcendence and criticizing the capitalist structures of art.

In particular, Kawara's *Date Paintings* and their bureaucratic order are a reflection of the traumatic experiences of World War II, whose "bureaucracy and management served less for production than for efficient destruction not only of landscape, but also of human bodies," as art historian Jung-Ah Woo notes.[22] Uecker's work complex *The Human Abused* is also an aesthetic response to a traumatic experience, one which he places at the center of the ifa touring exhibition:

"I realized that I couldn't perform art propaganda abroad. At the same time, I was deeply shocked by the radical right-wing developments in Germany, as demonstrated at the time in Rostock."[23]

It is to be understood as a remarkable cultural-political statement by the ifa that, in the 1990s, they organized a critical and political exhibition with the works of Günther Uecker. For, in 1992, the highest number of right-wing extremist riots occurred in Germany since the end of National Socialism. In the discourse within Germany about coming to terms with

[21] Benjamin H. D. Buchloh: "Conceptual Art 1962–1969: From the Aesthetic of Administration to the Critique of Institutions," in: *October*, vol. 55, Winter 1990, pp. 105–143, p. 134.

[22] Woo 2010, p. 70.

[23] Günther Uecker, quoted in: Röder 2016, p. 197.

its National Socialist past, the resurgence of racist attacks seemed like a step backward, as Esther Adaire explains:

"In the newly united Federal Republic, whose postwar political culture had been defined by the task of reckoning with the crimes of National Socialism, neo-Nazi phenomena signified the re-emergence of vehement racist nationalism that had long been considered worked through or historicized in official public narratives about the past."[24]

In national and international media reports on the radical right-wing riots, there was a pervasive fear of the resurgence of the so-called 'other,' 'dark' Germany. The reports show that the period of National Socialism was still very present in the German discourse of remembrance. In postwar West German intellectual and public discourse, however, the concept of an 'other' Germany was used not only to refer to the National Socialist past, but also to East Germany. In the early 1990s, reunification posed a dilemma for collective German national memory and identity, as a Germany that had long been considered 'other,' one that was seen by the West as a continuation of totalitarianism and dictatorship, and that had its own cultural memory based on a narrative of anti-fascism, now had to be integrated into the narrative of the Federal Republic of Germany.[25]

As Esther Adaire elaborates, while the international media saw in the Rostock-Lichtenhagen riots an image of the horror of the Nazi era, within Germany they were seen as a cause for a different kind of debate, one that was hotly contested both in the press and in the Bundestag. The discussion centered on the question of whether the riots could not in fact be explained by a variety of factors inherent in East German culture. CDU Chancellor Helmut Kohl, for example, resorted to

[24] Esther Adaire: "'This Other Germany, the Dark One': Post-Wall Memory Politics Surrounding the Neo-Nazi Riots in Rostock and Hoyerswerda," in: *German Politics and Society*, vol. 37, no. 4, 2019, pp. 43–57, p. 43.

[25] Cf. ibid., p. 46.

an absurd Cold War-era explanation, claiming that the riots had been planned and directed by former Stasi personnel.[26] Although outbreaks of neo-Nazi violence occurred in both the former GDR and West Germany, the meaning ascribed to such events in the media discourse and political debates varied greatly depending on where it was occurring. The politics of the Federal Republic did its utmost to maintain the image of a 'normal' Germany, that is, a Western-oriented, democratic Germany that had eradicated its nationalist elements.[27]

Against this background, Günther Uecker's touring exhibition becomes a strong cultural-political statement. On the one hand, this is due to Uecker's biography, which transcends the putative dichotomies between East and West mentioned above. Uecker, who today lives and works primarily in Düsseldorf, was born in 1930 in Wendorf, a town near Rostock, and grew up in the region. In 1953 he left the GDR, migrated to West Germany, and, beginning in 1955, continued at the Düsseldorf Art Academy the studies in painting he had previously begun in Wismar and Berlin-Weißensee. Accordingly, varied influences are united in his work. With the concept of a living past, Uecker's conceptual work can be understood as existing in an intellectual continuity with Theodor W. Adorno, who warns against coming to terms with the past according to the principle "that everything should be forgotten and forgiven."

"One wants to break free of the past: rightly, because nothing at all can live in its shadow, and because there will be no end to the terror as long as guilt and violence are repaid with guilt and violence; wrongly, because the past that one would like to evade is still very much alive. National Socialism lives on, and even today we still do not know whether it is merely the ghost of what was so monstrous that it lingers on after its own death, or whether it has not yet died at all, whether the willingness

[26] Cf. ibid., p. 48.
[27] Cf. ibid., p. 48f.

to commit the unspeakable survives in people as well as in the conditions that enclose them."[28]

Adorno's warning that "the survival of National Socialism within democracy is to be classified as potentially more menacing than the survival of fascist tendencies against democracy"[29] can also be found in Uecker's artistic work. As a vigilant citizen of the world, Uecker opposes forgetting and suppression by referring to a concrete political event that was ideologically rooted in National Socialism. Uecker's aesthetic response to what occurred in Rostock-Lichtenhagen can be interpreted as a prophylactic for "the attitude of 'not having known anything about it'" and "an impassive and apprehensive indifference,"[30] thus lending contemporary art an important political agency. In Chantal Mouffe's words:

"There is an aesthetic dimension in the political and there is a political dimension in art. From the point of view of the theory of hegemony, artistic practices play a role in the constitution and maintenance of a given symbolic order, or in its challenging, and this is why they necessarily have a political dimension. The political, for its part, concerns the symbolic ordering of social relations, and this is where its aesthetic dimension resides."[31]

[28] Theodor W. Adorno: "The Meaning of Working Through the Past" (1959), in: *Critical Models: Interventions and Catchwords,* edited by Lawrence D. Kritzman, translated by Henry W. Pickford, New York 1998, pp. 89–103, p. 89f.
[29] Ibid., p. 90.
[30] Ibid.
[31] Chantal Mouffe: *Agonistics: Thinking the World Politically,* London 2013, p. 91.

The Human Abused in a Global Context

Uecker's oeuvre as a whole establishes a relationship between the local and the global, and the work complex *The Human Abused* achieves this particularly within the context of the international touring exhibition. In doing so, it becomes clear that the local and the global are by no means in opposition to each other, but, rather, that international art discourse is a product of transcultural processes of exchange and negotiation that include the local. Global art reflects the socio-political and socio-cultural conditions of its places of origin, but at the same time it can also enter into a relationship with different contexts. Uecker's work complex *The Human Abused*, which focuses on the threat posed to man by man, seems to be designed to do just that. In it, an artistic dialogue is set in motion that addresses man-made injuries beyond national and cultural boundaries and thus creates connections.

Such connections were made, for example, in Tehran, one of the 45 exhibition locations. The ifa touring exhibition stopped there in 2012 under the title *Injuries – Connections* at the Tehran Museum of Contemporary Art. This institutional collaboration was a resounding success in Iran, drawing record numbers of visitors.[32] Indeed, the exhibition, augmented by some Uecker works from the museum's own collection, not only gave an expansive overview of Uecker's artistic work, but was also a political platform to make critically engaged art, which is otherwise not exhibited in the Islamic Republic of Iran's public institutions, accessible to the public. In his museum show, Uecker made reference to the political circumstances in Iran and assigned a central role to his "words that hurt." Or, as Uecker himself explained in an interview,

[32] Cf. the Persian-language news report on the occasion of the exhibition opening: *Iranian Students' News Agency*, 17.9.2012; https://www.isna.ir/news/91062715761 [1.8.2022].

"The threat to man, his imperilment, his vulnerability are pictorial themes of this exhibition."[33]

Due to the political circumstances in Iran, there is little international artistic exchange in the Islamic Republic. The history of Iran in the 20th century knows well the threat of man to man. It is marked by democratic aspirations and their failure. The Islamic Revolution of 1978–9 and the subsequent Iran-Iraq War (1980–8) caused trauma, flight, and exile. At the same time, the war also strengthened the legitimacy of the newly established government, which continues to take strict action against opponents of its regime.

The Tehran Museum of Contemporary Art is unique in the region. On the one hand, it has an extraordinary collection of modern and contemporary Iranian artists, and on the other hand, its depots also house an impressive collection of works by Western artists such as Pablo Picasso, René Magritte, Jackson Pollock, Roy Lichtenstein, Andy Warhol, to name just a few. This collection of Western works was assembled before the Islamic Revolution under the patronage of Farah Diba, then Empress of Iran, and presented to the international public when the museum opened in 1977. Contrary to the general media portrayal, the museum was briefly closed during the revolution, but reopened its doors only a short time later to serve as a platform for modern art as well as one for the new ideology of the Islamic Republic. Even after the revolution, attempts were always made to work with the collection on a selective basis. With the era of reform that began in 2004 with the election of President Mohammad Khatami, the institution, under the leadership of museum director Ali-Reza Sami-Azar, once again entered into a dialogue with both its own collection and the international public. The period of reforms came to an end with the election of conservative President Mahmoud Ahmadinejad, but the museum nevertheless did

[33] Günther Uecker in conversation with Katrin Heise: "Bilder der Verletzung im Land der Folterer," in: *Deutschlandfunk Kultur*, 19.11.2012 [transcript]; https://www.deutschlandfunkkultur.de/bilder-der-verletzung-im-land-der-folterer.954.de.html?dram:article_id=227915 [1.8.2022] [own translation].

not completely abandon its aim to organize international exhibitions, as Günther Uecker's show in 2012 demonstrated.

Uecker also displayed the "words that hurt" on the walls of the museum in Tehran, where he now wrote them on paper with black ink in Persian script. By translating the words into Farsi, and thus establishing a local connection, Uecker lent them an immediate readability for the audience and, thus, expanded the significance of the work. Uecker's "words that hurt" could also be understood in a local context due to the political circumstances in Iran. In conclusion, it is clear that Uecker's conceptual history painting takes the Rostock-Lichtenhagen riots as a point of orientation in order to warn the global audience about racist and fascist ideologies. Thus, according to the principle of history as the teacher of life—*historia est magistra vitæ*—a concrete, local event becomes a call to the global audience not to look away or close their eyes to man-made violence in any of its guises.

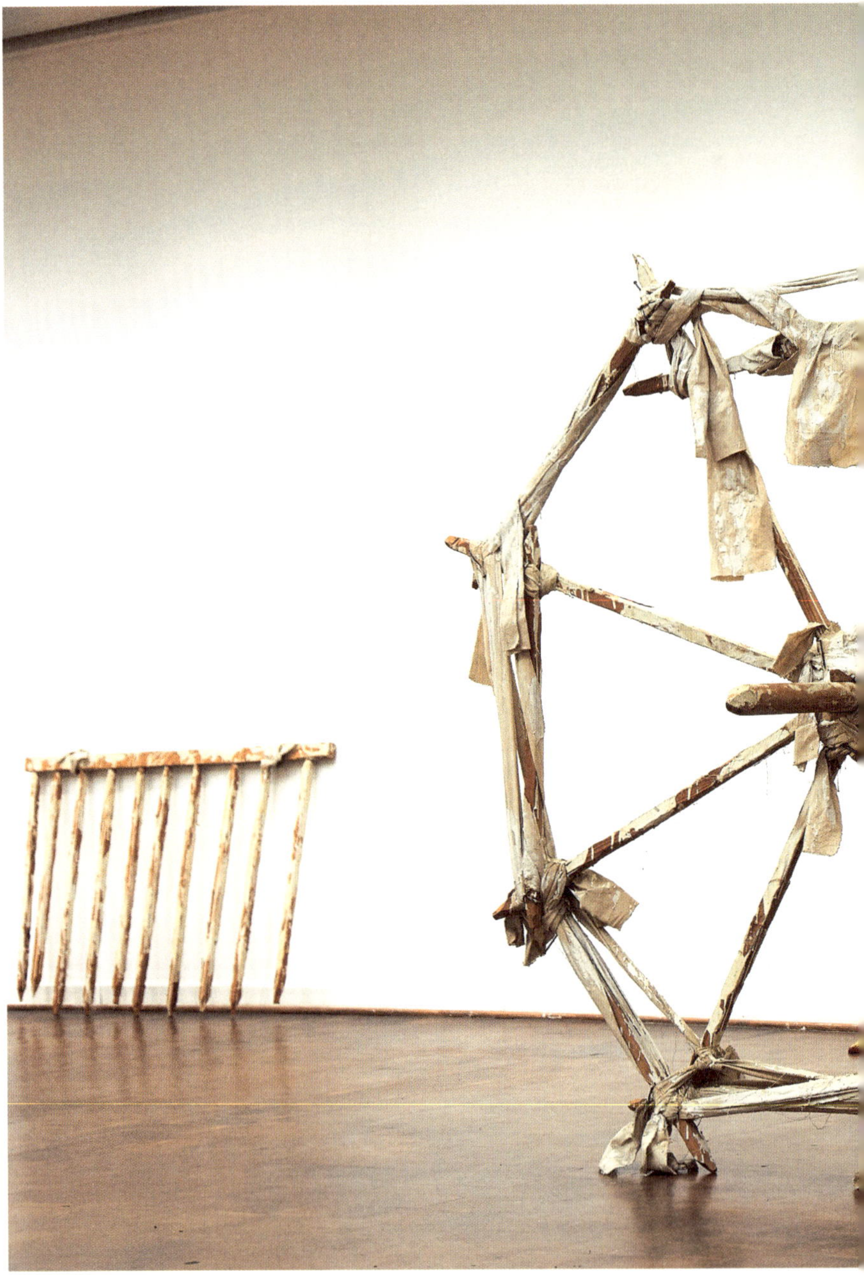

Günther Uecker während des Ausstellungsaufbaus | during the exhibition setup:
Der geschundene Mensch | *The Human Abused,* Kunsthalle Rostock, 2016

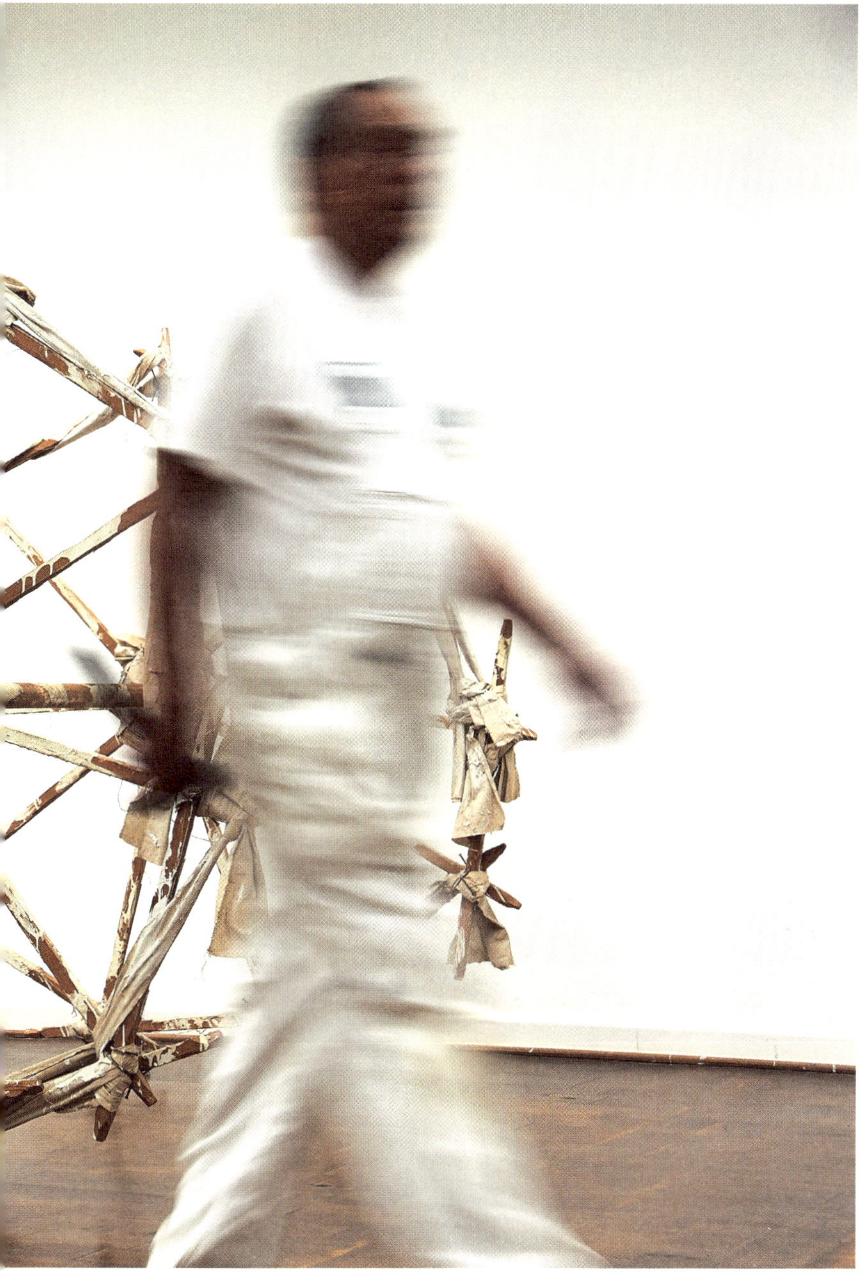

Übersicht aller Arbeiten aus dem Werkkomplex | Overview of All Works from the Work Complex | *Der geschundene Mensch – 14 befriedete Gerätschaften* | *The Human Abused: 14 Pacified Implements* 1993–2016

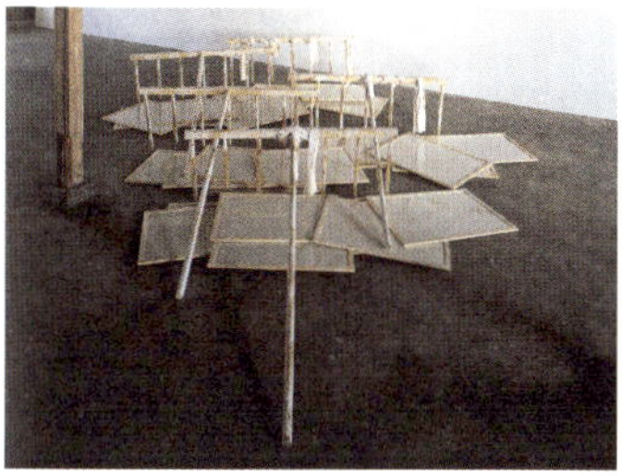

Rechen

1992

Weißleim, Leinen, Holz,

30 Glasrahmen

265 × 160 × 210 cm

Rakes

1992

White distemper, linen, wood,

30 glazed frames

265 × 160 × 210 cm

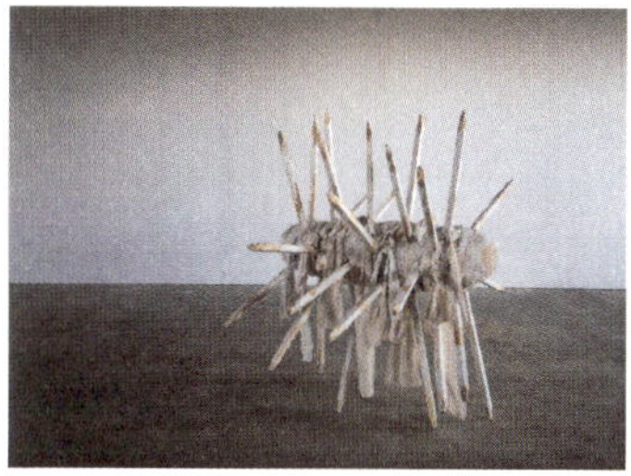

Gerät

Verletzungen, Verbindungen

1992

Weißleim, Leinen, Holz

200 × 200 × 180 cm

Implement

Injuries, Bandages

1992

White distemper, linen, wood

200 × 200 × 180 cm

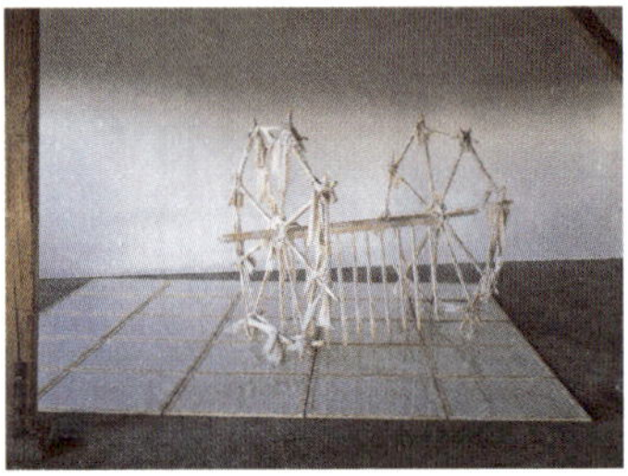 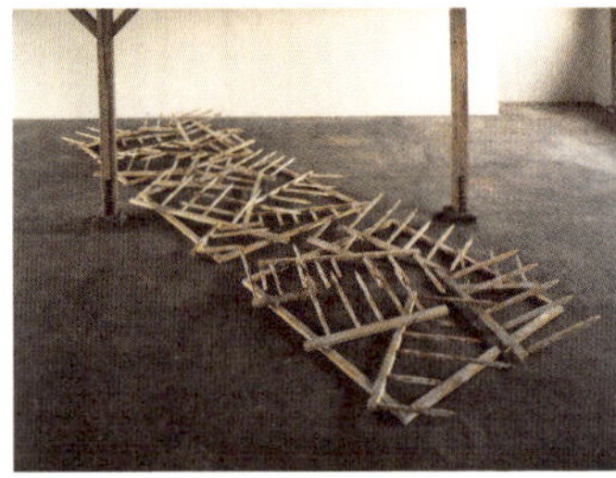

Gerät (auf Wörtern)

1992

Weißleim, Leinen, Holz, Glasrahmen

200 × 285 × 200 cm

Implement (on Words)

1992

White distemper, linen, wood, glazed frames

200 × 285 × 200 cm

Hindernisweg

1992

Weißleim, Holz

25 × 750 × 250 cm

Obstacle Path

1992

White distemper, wood

25 × 750 × 250 cm

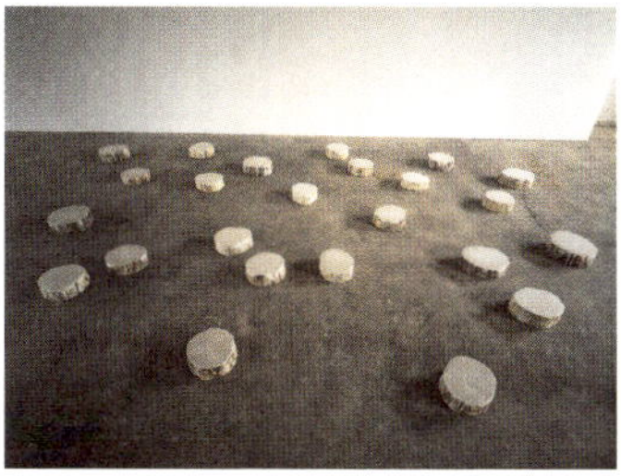

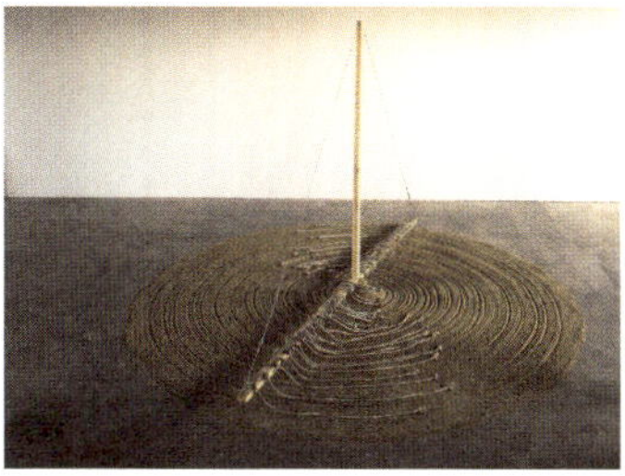

Weiße Tränen

1992

Weißleim, Leinen, Holz

max. 12 × 35 cm ø

White Tears

1992

White distemper, linen, wood

max. 12 × 35 cm ø

Geißel-Mühle

1992

Seile, Holz, Sand

220 × 333 cm ø

Scourge Mill

1992

Ropes, wood, sand, electric motor

220 × 333 cm ø

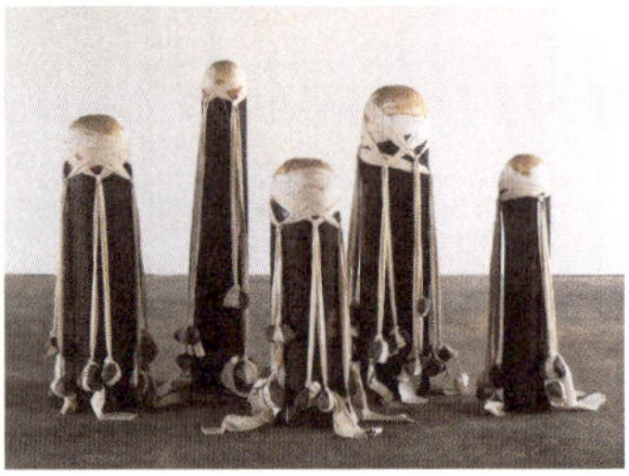

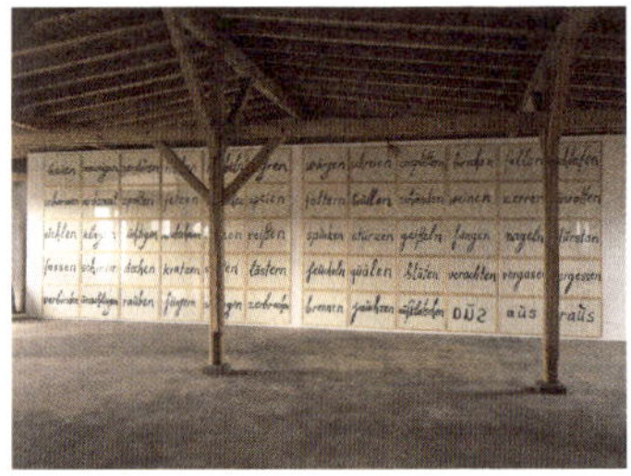

Wald hängender Steine

1992

Asche, Leim, Steine, Leinen, Holz

max. 122 × 45 cm ø

Forest of Hanging Stones

1992

Ashes, glue, stones, linen, wood

max. 122 × 45 cm ø

60 Wörter aus dem Alten Testament

Verletzung der Menschen durch den Menschen

1992

Tusche, Papier, verglaste Holzrahmen

360 × 546 cm

60 Words from the Old Testament

Man's Abuse of Man

1992

Ink, paper, glazed wooden frames

360 × 546 cm

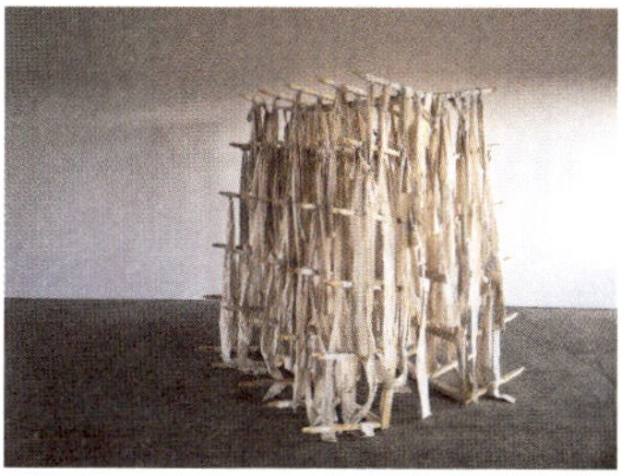

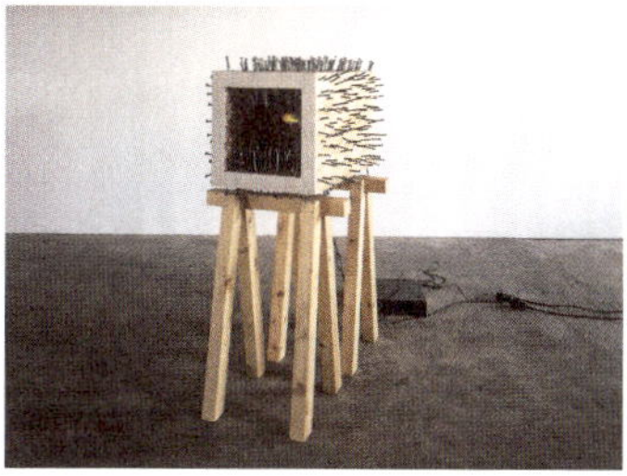

Egge

1992

Weißleim, Leinen, Holz

200 × 200 × 180 cm

Harrow

1992

White distemper, linen, wood

200 × 200 × 180 cm

Feuerstelle

1992

Nägel, Weißleim, TV, Holz

135 × 80 × 100 cm

Fire Place

1992

Nails, white distemper, TV, wood

135 × 80 × 100 cm

Aschestelle

1992/93

Asche, Leim, Holz

200 × 200 cm

Ashes Place

1992/93

Ashes, glue, wood

200 × 200 cm

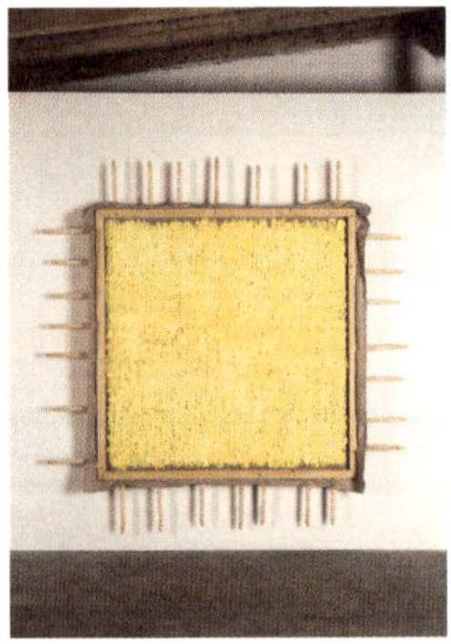

großes gelbes Bild

1992

Kadmium gelb, Leim, Leinwand, Holz

285 × 285 cm

Large Yellow Picture

1992

Cadmium yellow, glue, canvas, wood

285 × 285 cm

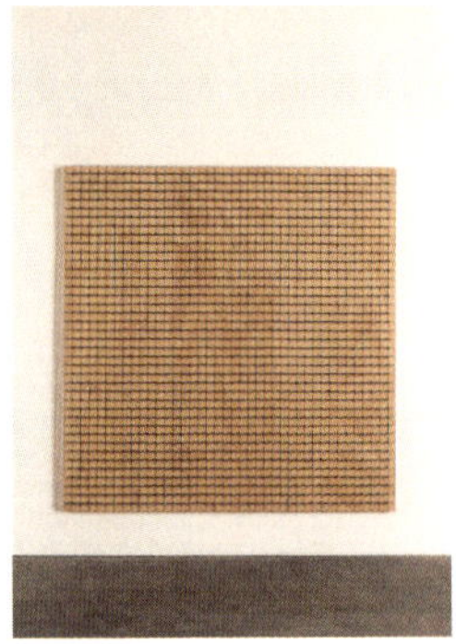

Aggressives Feld

1992

Nägel, Holz, Graphit

200 × 200 × 13 cm

Aggressive Field

1992

Nails, wood, graphite

200 × 200 × 13 cm

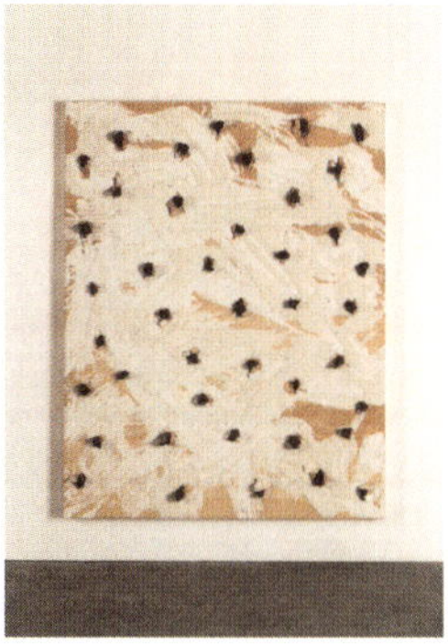

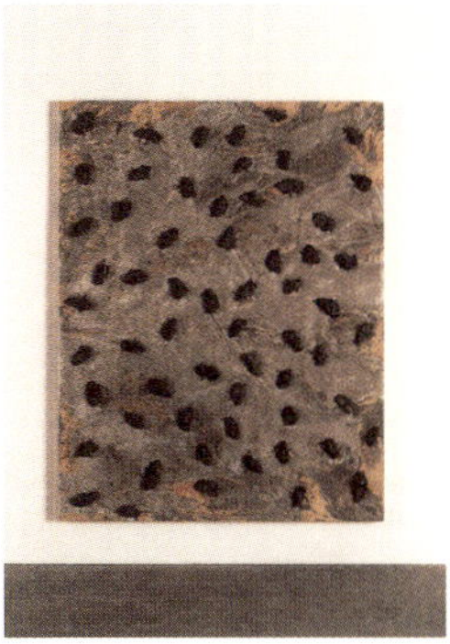

malerischer Garten
1992
Steine, Weißleim, Holz
200 × 160 cm

Painterly Garden
1992
Stones, white distemper, wood
200 × 160 cm

Aschegarten
1992
Steine, Nägel, Asche, Holz
200 × 160 cm

Ash Garden
1992
Stones, nails, ashes, wood
200 × 160 cm

Die Stationen der ifa-Tourneeausstellung | The Venues of the ifa Touring Exhibition mit dem Werkkomplex | with the Work Complex *Der geschundene Mensch – 14 befriedete Gerätschaften* | *The Human Abused: 14 Pacified Implements* 1993–2016

1. Budapest, Ungarn | Hungary
Magyar Nemzeti Múzeum (Hungarian National Museum/Ungarisches Nationalmuseum)
in Kooperation mit dem | in cooperation with the Goethe-Institut Budapest
22.8.–30.9.1993

2. Rom, Italien | Rome, Italy
Palazzo delle Esposizioni
in Kooperation mit dem Goethe-Institut Rom | in cooperation with the Goethe-Institut Rome
22.2.–10.4.1995

3. Lübeck, Deutschland | Germany
St. Petri zu Lübeck (Saint Peter's of Lübeck)
5.6.–10.7.1995

4. Rio de Janeiro, Brasilien | Brazil
Museu de Arte Moderna do Rio de Janeiro (MAM Rio)
in Kooperation mit dem | in cooperation with the Goethe-Institut Rio de Janeiro
8.2.–10.3.1996

5. São Paulo, Brasilien | Brazil
Pavilhão da Bienal
in Kooperation mit dem | in cooperation with the Goethe-Institut São Paulo
22.3.–5.5.1996

6. Montevideo, Uruguay
Museo Nacional de Artes Visuales (MNAV)
in Kooperation mit dem | in cooperation with the Goethe-Institut Montevideo
20.6.–14.7.1996

7. Buenos Aires, Argentinien | Argentina
Museo de Arte Moderno de Buenos Aires
in Kooperation mit dem | in cooperation with the Goethe-Institut Buenos Aires
1.8.–8.9.1996

8. Santiago de Chile, Chile
Museo de Arte Contemporáneo (MAC)
in Kooperation mit dem | in cooperation with the Goethe-Institut Santiago de Chile
24.9.–22.10.1996

9. Guadalajara, Mexiko | Mexico
Instituto Cultural Cabañas
in Kooperation mit dem | in cooperation with the Goethe-Institut Guadalajara
23.1.–2.3.1997

10. Mexiko-Stadt, Mexiko | Mexico City, Mexico
Museo Universitario del Chopo
19.3.–27.4.1997

11. Athen, Griechenland | Athens, Greece
ASKT – Anotati Scholi Kalon Technon (Athens School of Fine Arts/Hochschule der Bildenden Künste Athen)
29.1.–15.3.1998

12. Thessaloniki, Griechenland | Thessalonica, Greece
Makedoniko Mouseio Sygchronis Technis (MMST) (Macedonian Museum of Contemporary Art/Mazedonisches Museum für zeitgenössische Kunst)
3.4.–1.5.1998

13. Sarajevo, Bosnien-Herzegowina | Bosnia and Herzegovina
Galerija Collegium Artisticum
16.5.–12.6.1998

14. Warschau, Polen | Warsaw, Poland
Galeria Zachęta
10.7.–23.8.1998

15. Breslau, Polen | Wrocław, Poland
BWA Wrocław – Galerie Sztuki Współczesnej (BWA Wrocław – Galleries of Contemporary Art, Exhibition Hall/ BWA Breslau – Galerien für zeitgenössische Kunst, Ausstellungshalle)
2.10.–15.11.1998

16. Brünn, Tschechien | Brno, Czech Republic
Moravská galerie v Brně (Moravian Gallery in Brno/Mährische Galerie in Brünn)
3.12.1998–28.2.1999

17. Ljubljana, Slowenien | Slovenia
Mestna galerija Ljubljana (City Art Gallery Ljubljana/Städtische Galerie Ljubljana)
20.5.–13.6.1999

18. Bratislava, Slowakei | Slovakia
Galéria mesta Bratislavy (Bratislava City Museum/Museum der Stadt Bratislava)
2.12.1999–16.1.2000

19. Tallinn, Estland | Estonia
Tallinna Kunstihoone galerii (Tallinn Art Hall Gallery/Galerie der Kunsthalle Tallinn)
25.2.–26.3.2000

20. Belgrad, Jugoslawien | Belgrade, Yugoslavia
Umetnički paviljon ‚Cvijeta Zuzorić‘ (Art

Pavilion of the Association of Fine Artists of Serbia/Kunstpavillon des serbischen Künstlerverbandes)
23.4.–20.5.2001

21. Kaunas, Litauen | Lithuania
Nacionalinis M. K. Čiurlionio dailės muziejus (MKČ) (M. K. Čiurlionis National Museum of Art/Nationales M.-K.-Čiurlionis-Kunstmuseum)
5.10.–4.11.2001

22. Wellington, Neuseeland | New Zealand
Adam Art Gallery Te Pātaka Toi
27.4.–16.6.2002

23. Sydney, Australien | Australia
Sydney College of the Arts (SCA)
20.9.–26.10.2002

24. Taipeh | Taipei, Taiwan
Taipei Fine Arts Museum
22.11.2003–15.1.2004

25. Seoul, Südkorea | South Korea
Gallery Hyundai
3.–31.3.2004

26. Itami, Japan
Itami City Museum of Art
in Kooperation mit dem | in cooperation with the Goethe-Institut Osaka
22.5.–4.7.2004

27. Utsunomiya, Japan
Tochigi Prefectural Museum of Fine Arts
in Kooperation mit dem | in cooperation with the Goethe-Institut Tokyo
17.7.–12.9.2004

28. Khon Kaen, Thailand
Art Gallery of Khon Kaen University
4.–30.11.2004

29. Nakhon Pathom, Thailand
The Art and Cultural Centre, Silpakorn University
in Kooperation mit dem | in cooperation with the Goethe-Institut Bangkok
20.1.–20.2.2005

30. Jakarta, Indonesien | Indonesia
Bentara Budaya
in Kooperation mit dem | in cooperation with the Goethe-Institut Jakarta
5.–21.8.2005

31. Singapur, Singapur | Singapore, Singapore
Nanyang Academy of Fine Arts (NAFA)
in Kooperation mit dem Goethe-Institut Singapur | in cooperation with the Goethe-Institut Singapore
4.10.–25.11.2005

32. Kolkata, Indien | India
Birla Academy of Art and Culture
in Kooperation mit dem | in cooperation with the Goethe-Institut Kolkata
5.–30.4.2006

33. Neu-Delhi, Indien | New Delhi, India
National Gallery of Modern Art (NGMA)
in Kooperation mit dem Goethe-Institut Neu-Delhi | in cooperation with the Goethe-Institut New Delhi
25.8.–15.9.2006

34. Mumbai, Indien | India
National Gallery of Modern Art (NGMA)
in Kooperation mit dem | in cooperation with the Goethe-Institut Mumbai
8.–26.12.2006

35. Sofia, Bulgarien | Bulgaria
Sofia Art Gallery
in Kooperation mit dem | in cooperation with the Goethe-Institut Sofia
5.6.–5.7.2007

36. Kairo, Ägypten | Cairo, Egypt
The Townhouse Gallery of Contemporary Art
in Kooperation mit dem Goethe-Institut Kairo | in cooperation with the Goethe-Institut Cairo
12.10.–2.11.2008

37. Baku, Aserbaidschan | Azerbaijan
Azərbaycan Dövlət Rəssamlıq Akademiyası (Azerbaijan State Academy of Fine Arts/Staatliche Akademie für Bildende Kunst Aserbaidschan)
in Kooperation mit der Deutschen Botschaft Baku | in cooperation with the German Embassy Baku
27.2.–29.3.2009

38. Taschkent, Usbekistan | Tashkent, Uzbekistan
O'zbekiston tasviriy san'at galereyasi (Fine Arts Gallery of Uzbekistan/Galerie der schönen Künste Usbekistan)
in Kooperation mit dem Goethe-Institut Taschkent | in cooperation with the Goethe-Institut Tashkent
6.11.–17.12.2009

39. St. Petersburg, Russland | Russia
Loft Project Etagi
in Kooperation mit dem | in cooperation with the Goethe-Institut St. Petersburg
29.10.–30.11.2010

40. Kapstadt, Südafrika | Cape Town, South Africa
District Six Museum
in Kooperation mit dem Generalkonsulat der Bundesrepublik Deutschland Kapstadt | in cooperation with the

German Consulate General Cape Town
3.2.–6.3.2011

41. Casablanca, Marokko | Morocco
Ex-église du Sacré-Cœur (Former Church of the Sacred Heart/ehemalige Kirche des Heiligen Herzens)
in Kooperation mit den Goethe-Instituten Rabat/Casablanca | in cooperation with the Goethe-Institutes Rabat/Casablanca
9.–28.6.2011

42. Teheran | Tehran, Iran
Honarhaye Moaser Tehran (Tehran Museum of Contemporary Art/Museum für zeitgenössische Kunst Teheran)
in Kooperation mit der Deutschen Botschaft Teheran und Geuer & Breckner Düsseldorf | in cooperation with the German Embassy Tehran and Geuer & Breckner Düsseldorf
16.9.–22.11.2012

43. Isfahan, Iran
Honarhaye Moaser Esfahan (Museum of Contemporary Art Isfahan/Museum für zeitgenössische Kunst Isfahan)
in Kooperation mit der Deutschen Botschaft Teheran und Geuer & Breckner Düsseldorf | in cooperation with the German Embassy Tehran and Geuer & Breckner Düsseldorf
27.5.–27.6.2013

44. Havanna, Kuba | Havana, Cuba
Museo Nacional de Bellas Artes (MNBA)
in Kooperation mit der Deutschen Botschaft Havanna | in cooperation with the German Embassy Havana
14.11.2014–26.1.2015

45. Rostock, Deutschland | Germany
Kunsthalle Rostock
3.7.–11.9.2016

Impressum | Copyright

Der geschundene Mensch – Günther Ueckers konzeptuelle Historienbilder | *The Human Abused*: Günther Uecker's Conceptual History Paintings

Text
Katrin Nahidi (Essay)
Kornelia von Berswordt-Wallrabe (Vorwort | Preface)
Katharina Neuburger (Einleitung | Introduction)

Die Publikation ist Band 1 der Schriftenreihe *Notizen zu Uecker* | This book is Volume 1 of the publication series *Notizen zu Uecker*

Herausgeber | Publisher
Günther Uecker Institut e.V.

Konzept und wissenschaftliche Begleitung | Concept and Scholarly Advisor
Katharina Neuburger

Projektleitung | Project Manager
Antonia Gradnitzer

Übersetzung | Translation
Everett F. Mason, maison intertext

Lektorat | Text Editing
Christine Wölfle

Grafische Gestaltung | Graphic Design
Johanna Neuburger, logografisch

Abbildungsnachweise | Image Credits
S. 6/7, 12/13, 17, 18/19, 42, 43, 46/47, 48/49, 50/51, 55, 56/57, 78/79: Kunsthalle Rostock, © Fotos: Thomas Häntzschel / Fotoagentur Nordlicht
S. 41: Museum für zeitgenössische Kunst Teheran | Tehran Museum of Contemporary Art, Foto: Massoud Zenderouh Kermani
S. 44/45: Kunsthalle Rostock
S. 81–87: ifa – Institut für Auslandsbeziehungen

Druck | Printing
Graspo CZ, a. s.

Erschienen im | Published by
Deutscher Kunstverlag GmbH
Berlin München
Lützowstraße 33
10785 Berlin
www.deutscherkunstverlag.de
Ein Unternehmen der | Part of
Walter de Gruyter GmbH Berlin Boston
www.degruyter.com

Die Deutsche Nationalbibliothek verzeichnet diese Publikation in der Deutschen Nationalbibliografie; detaillierte bibliografische Daten sind im Internet über http://dnb.dnb.de abrufbar. | The Deutsche Nationalbibliothek lists this publication in the Deutsche Nationalbibliografie; detailed bibliographic data are available on the Internet at http://dnb.dnb.de.

GÜNTHER UECKER
INSTITUT

GÜNTHER UECKER INSTITUT e.V.
Hospitalstraße 5a
19055 Schwerin
www.guenther-uecker-institut.de

ISSN 2752-0218
ISBN 978-3-422-80077-9
Printed in the European Union

Zur Autorin

Katrin Nahidi, geb. 1983 in Schwäbisch Hall, ist freie Kunsthistorikerin und lebt in Berlin. Sie studierte Kunstgeschichte, Geschichte und Kultur des Nahen Ostens sowie Neuere deutsche Literatur an der Ludwig-Maximilians-Universität München. Ihre Dissertation wurde im Rahmen des Projekts *Other Modernities: Practices and Patrimony of Visual Expression outside the West* vom Schweizerischen Nationalfonds an der Universität Bern und an der Freien Universität Berlin gefördert. 2021 wurde Katrin Nahidi mit der Arbeit *Modernism Revisited – Exhibitions, Cultural Politics, and Modernist Art Production in Iran* an der Freien Universität Berlin promoviert. Das Günther Uecker Institut zeichnete Katrin Nahidi mit dem Forschungsstipendium 2019/2020 aus.